绩效心法

吴向京 田勇 著

中国人民大学出版社
·北京·

图书在版编目（CIP）数据

绩效心法 / 吴向京，田勇著. -- 北京：中国人民
大学出版社，2022.1
ISBN 978-7-300-29987-7

Ⅰ. ①绩… Ⅱ. ①吴… ②田… Ⅲ. ①企业绩效－企
业管理 Ⅳ. ① F272.5

中国版本图书馆 CIP 数据核字（2021）第 208158 号

绩效心法

吴向京　田　勇　著

Jixiao Xinfa

出版发行	中国人民大学出版社			
社　　址	北京中关村大街 31 号		邮政编码	100080
电　　话	010 - 62511242（总编室）		010 - 62511770（质管部）	
	010 - 82501766（邮购部）		010 - 62514148（门市部）	
	010 - 62515195（发行公司）		010 - 62515275（盗版举报）	
网　　址	http://www.crup.com.cn			
经　　销	新华书店			
印　　刷	北京联兴盛业印刷股份有限公司			
规　　格	148 mm×210 mm　32 开本		**版　　次**	2022 年 1 月第 1 版
印　　张	8 插页 2		**印　　次**	2022 年 1 月第 1 次印刷
字　　数	115 000		**定　　价**	59.00 元

本书不是讲某个企业和行业的绩效管理，

不是讲国有或非国有企业的绩效管理，

也不是专门讲中国企业的绩效管理，

某种程度甚至不是专门讲企业的绩效管理，

而就是在讲**绩效管理**。

——吴向京

2020 年新冠肺炎疫情袭来时，清华大学启动了网络直播教育平台"雨课堂"。吴向京先生的"绩效管理的心法"是雨课堂的首讲试播课，这本《绩效心法》就是基于那次课程而来。吴向京先生是万千企业管理者中的一员，难得的是他在日常工作中坚持总结反思，坚持跳出成功与挫折的喜和悲，将理论和实践不断对照，作出自己的判断和结论，更加可贵的是，这些判断和结论是如此系统、深刻且富有创新性，值得实践者和理论工作者认真阅读、思考。

——杨斌 清华大学教授

我认为，经营管理的基础和关键是绩效评价，特别是当一个企业逐渐做大的时候，更加需要管理规范化和经营科学化，这一切都需要以绩效评价为基础。然而，管理规范化也意味着官僚主义和形式主义的风险同步增加，绩效管理为解决这个问题而生，但是往往反而强化了这个趋势。如何在规范化和官僚化同步提升的趋势中保证专注于真正的绩效，始终使绩效管理产生正绩效、最大限度避免负绩效，关键在于各级一把手的领悟和把握。吴向京先生的《绩效心法》非常深刻地揭示了其中的奥秘，融合全面质量管理和目标管理这两种某些程度上相悖的思想，提供了系统的方法论，值得各类企业经营管理团队，特别是一把手认真一读。

——**王兵** 北新建材董事长、首都企业家俱乐部秘书长

本书通过对人性的深刻洞察，融会贯通了全面质量管理、六西格玛等质量管理理论的精髓，将它们与建设性的绩效提升巧妙结合起来，创造性地解决了质量管理和绩效管理两方面的难题，让我这个"质量管理人"眼前一亮。特别是对于掌握管理灰度、回归心法，解决清晰管理与创新突破的矛盾，富有洞见、发人深省。正如书中所说，唯精唯一，迭代求变，专注的是目标，迭代的是方法，唯其如此才是绩效管理的正确方向和方法。本书也启发我们：企业管理在局部或有"专业"之分，但在全局就是贯通融合的日常工作，"专业"要时有时无、用心熔淬。

——**张荣升** TCL集团白家电事业部总经理

《绩效心法》是《成熟组织的绩效变革》的姊妹篇，两书相隔十年出版，可谓十年磨一剑。没有对绩效管理的系统深刻反思，是难以理解书中所蕴含的睿智和创见的，比如"一分为三"思想，"非必要、勿量化"思想，以及有着内在严谨逻辑的"十二条心法"。绩效管理是一把手工程，组织的、业务的、职能的一把手必须认真参与方能有效，《绩效心法》蕴含了从一把手角度出发的高级思维，是高层管理者的必读书。

——**沈小滨** 知行韬略公司创始人，《绩效领导力》作者

看了吴向京先生的《绩效心法》样书颇有感触：一是向京作为一名企业的中层干部，能持续十七年在实践中反思一种管理行为和管理理论，并作超出自己所在企业、行业，甚至企业这种组织形态的系统思考，形成自己完整的认识和方法体系；二是绩效管理已经深刻地影响着我们的社会，但实施的效果参差不齐，这也是他的演讲能收获众多听众的原因；三是他的认识和方法体系，与典型的绩效管理理论不同，是理论与实践相结合的产物，是在成功和失败的心路中悟出的成果。

作为有过较多实践的企业管理工作者，我对绩效管理的认识也经历了不断深化的过程，所以对向京这本书的定位颇有同感：绩效管理是一把手工程，而非某个部门能单独完成的，也不是靠标准和程序就能完成的工作，没有一把手对绩效管理与经营目标的融合、没有绩效管理与日常管理的融合，绩效管理可能会是产生负绩效的源头，甚至可能成为形式主义的源头。

我对于向京在书中提出的十二条心法也感同身受：因为不易所以要**慎始**，文化的**惯性**是不易的关键原因，而要改变惯性就要从**结构**创新入手，新结构是否可行要看内在**逻辑**，逻辑要靠**工具**去显示和承载，有了工具就要面对**量化**冲动和矛盾，找到**客户**是解决矛盾的重要方面，要建立自己的**体系**实现与日常管理的融合而非迷信外来神器，一把手要**到位**地把握自己建立的体系，要学会传承价值观和领导力并涵养**元力**，要靠优良的**氛围**确保行稳致远，最后要不断**问心**反思。这十二条心法环环相扣，确实是组织一把手把握绩效管理的要诀。

改革开放四十多年来，我国引进了西方众多管理理论，应该说对于我国的企业和各类组织管理的改善是有积极作用的。从宏观层面看，我国综合国力的提升全世界有目共睹，其中有管理改善的贡献；从中观层面看，在企业的发展上，目前《财富》500强企业中中国企业的数量与美国在伯仲之间，这更是管理改善的成果之一；从微观层面看，我们每个人所感受到的生活便利、服务体验，某些方面已经赶上甚至超越了发达国家，这也是管理改善的直接成果。但是诚如向京在书中所言，某些管理理论我们并没有吃透本质，而是生吞活剥式地拿来，没有与我们的实际和实践很好地结合。绩效管理在实践中是柄双刃剑，而在实践中如何减少负面作用，则非常难以把握。但经过四十年的发展和积淀，我们应该有这个能力去逐渐解决它们。解决它们的前提是认知，解决它们的方法是实践。我认为《绩效心法》就是一本难得的好书，它既解决了认知问题，也解决了实践问题。值得一提的是，除了对绩效管理本身提出的建设性认识和方法，这本书的价值还在于提供了理论落地和创新升华的一种借鉴。

李从瑞

中国金茂控股集团有限公司总裁

法尚应舍，何况非法

当 2020 年初新冠肺炎疫情席卷而来的时候，中国的工商管理学者发起组织了"工商管理学者之家"网络直播公益讲堂，我在美国响应并组织美国的部分学者和学生参与，截至目前已经有 168 位学者在这个平台作了直播。在这个平台上，北京时间 2020 年 3 月 10 日 18 时开始的一场两小时讲座，创造了观看人数、回看人数、留住观众等三项第一。演讲者是中国一家著名国有企业的管理学院副院长吴向京先生。我在听讲座过程中，就在直播平台和微信朋友圈中发出了"法尚应舍，何况非法"的感言。他在那次讲座的基础上出版了这本书，我应他之邀，以感言为题作序。

就社会分工的一般角色而言，我们工商管理学者是管理理论体系的建设者和推广者，而企业管理者则更多的是理论的应用者，当然也有部分人是验证者、修正者甚至是创造者，但那毕竟是少数，我认为吴向京先生就是其中的佼佼者。从学者的角度，有一种本能的冲动，那就是希望理论越完美越好、应用的企业越多越好；而从企业管理者的角度，他们的本能应该是从企业的利益出发，选择最适合本企业的理论，结合本企业的情况去进行选择性、改进性的应用。当然实际情况与理想之间肯定存在距离，有时距离还很大。中国改革开放后这几十年，许多企业和管理者跟着"潮流"，生搬硬套了过多所谓的先进管理理论，这些理论与现实的管理基础和传统的组织文化没有有效融合，管理不足和管理过度并存，有些时候效果还不如没有这些理论。这些所谓的理论，有多少是真正能够体现一般的规律，真正指导实践的？其实没有人能够回答，也无法回答，只能说其中肯定有，但比例应该不会高，有些是"法"，而更多的是"非法"。而即便是"法"，当它与具体的组织、具体的人、具体的实践相遇时，还是不是"法"也不得而知。"绩效管理"就是其中的热门之一，理论和所谓最佳实践众说纷纭，现实问题却也最明显。

吴向京先生的讲座打动我之处，除了他对于绩效管理本身超越地域、文化、制度以及行业、企业的洞见之外，还有以下三点：**一是舍得**。他在七万人的企业和超过百万人的企业集团推动绩效管理，得到了上级的认可，出版了专著，获得了影响力。但是他还注意到绩效管理带来的被各级管理者忽视的问题，注意到在强绩效文化下，带给员工和社会的那些过度的、本不必要的压力和麻烦。而在还找不到合适解决方式的情况下，他选择离开，以免造成更大的不确定性。**二是不舍。**他虽然离开了与推动绩效管理直接相关的机构和岗位，但是十七年来，一直怀有"系铃、解铃"的情怀，对于绩效管理的关注和研究一刻也没有放松，坚持不懈地自我审视和否定，力图找到导致绩效管理问题的深层次原因和解决问题的具体方法，并在年轻一代的企业管理者和学者中发现和培养志同道合者，这种坚韧和不舍让人敬畏。**三是得法。**他跟我说，十七年前是怀着崇敬之情去引进外来的理论来指导实践，实践证明外来的理论确实有值得借鉴的意义，但是不应该机械套用。这次要写一本与上次不一样的书，尽弃其名词和套路，给出经由自己心法的结论。从他的演讲和书稿中，我对他十七年来基于实践的思考得出的结论、给出的解决方案充满信心，我觉得他已经接近了真相，找到了对的方向和路径。

不管你是学者还是管理者，我建议您认真读一下这本完全不同于以往的绩效管理著作，从中体悟舍法与得法之道。

张硕阳

美国圣托马斯大学卡梅隆商学院终身教授

十七年的心结

当这部书稿基本完成时，我跟绩效管理结缘已经整整十七年了。十七年间，眼看着"绩效管理"从一个概念，变成席卷我所在的企业、行业，席卷企业界乃至各类组织的全民实践和巨大惯量。员工绩效管理（有别于股东对企业、母公司对子公司的业绩考核）从某些层面和角度看去，自有它的必要性和可见的成效，但是也带给许多组织和人另一番体验，只是这种体验不那么美好。作为在一个行业领域里推行员工绩效管理的开拓者之一，我始终感到隐隐内疚，也让我这十七年间不论在哪个岗位、不论多忙，都试图挤出时间，把绩效管理这点事重新说一说、努力说清楚。

十七年前，当我还是个意气风发的年轻人时，认定绩效管理是企业管理众多难题的焦点，认为建立了有效的绩效管理体系，企业的众多问题自会迎刃而解。所谓初生牛犊不怕虎，

2003 年我接下在数万人的企业推行全员绩效管理的军令状。三年试点和推动中的热热闹闹很是振奋人心，但当 2006 年 10 月，项目进入逐个验收阶段，一个又一个单位一本正经地给我拿来两个计划——工作计划和绩效计划请我验收时，我感觉有些不对劲——绩效管理与日常管理成了两张皮，事实上成了为绩效管理而绩效管理，企业日常管理的工作量倍增，而真实成效却不容乐观。

应该说为推进这个项目我是真下功夫了，比如：在没有培训经验和知识的情况下，白手起家开发了"绩效管理实战模拟舱"：把一两千人的企业里与此直接相关的一百来人集中在一个课堂上，用两三天时间，把自己开发的方法、制度、流程以及软件，模拟实际走了一圈，然后大家回各自单位去组织实施。我不仅在自己所在企业实践，还应邀到其他省和相关行业、政府机构去传授经验，前前后后六七年时间，经我亲手折腾过的人，粗算下来超过两万。效果怎么样呢？大家都说好！——到底好在哪里？其实没有谁认真想过。这印证了 20 世纪 30 年代霍桑实验的结论确实经典：人们会因被折腾、被关注而兴奋，很少有人会追究到底发生了什么、真实效果如何。

尽管内心对自己的所谓成果并不太认同，但是组织给了我认可：担任首届管理专家，调到总部，进了北京。更高层想要在全集团范围内推行全员绩效管理，并且认为既然几万人能行，百万人也肯定行。但那时我已经意识到，搞员工绩效管理要让看得见一线的人来主导，而不能让他的上层甚至上上层来操刀。上层、上上层可以鼓励、可以指导，但是不能直接插手。这让我纠结、磨蹭了几个月后想办法离开了那个岗位。离开前，抓住2008年北京奥运会期间一个多月相对清闲的机会，写就了《成熟组织的绩效变革》一书，表达我对自上而下、按照统一模式强力推动绩效管理的不认同。

接下来的十余年里，我离开了推动绩效管理的一线，但还一直在关注它，也偶尔给其他行业、其他企业做这方面的顾问和讲师。2016年我开始认定绩效管理问题的核心还是在考评上，而考评的问题根本在考评的逻辑和伦理上，于是开始动笔写《绩效管理的逻辑与伦理》。但是一来忙，二来逻辑学、伦理学的功底太差，需要临时补课，因而进度很慢。同时我也认识到，自己对这个事情的想法是与主流意识相逆：绝大多数组织仍然认为绩效管理是职能部门的事，是一项业务技术工作，想的还是如何进一步强化、细化、量化绩效考核，如何进一步找到更先进的工具去推动它，跟我的"一把手要向内心去寻找方向和出路，方向和出路在化繁为简"的理念显然不同，所以大势未到。我想反正已经等了十年，何妨再等十年，到退休的时候再弄吧，所以一直在磨。

简单介绍一下我对于绩效管理的认识和创新：在《成熟组织的绩效变革》一书中，我提出了以自我超越为主线的"卓越绩效方式"，这是2006年开始提出的观点。而《绩效心法》这本书才算比较系统地阐述清楚了这种方式，只是现在觉得起炫酷名头的本身就是心虚的表现，所以没再起其他名字。之所以称"方式"而非"模式"，也是为了区别于波多里奇质量奖所对应的"卓越绩效模式"。两者在本质上比较接近，区别在于我**更加强调：用指标去反映和传递战略和经营目标有局限性，战略和经营不应与内部绩效管理作过于机械紧密和刚性的联系；不应强调预设精细化的高绩效标准；不应牵强地对外对标；不应强化勉强的、本不可类比的内部竞争。而应强调柔性的、经常性的绩效与战略对准的评估和调整；强调建立持续自我改进和提升绩效的机制；强调既要有必要的对外宏观目标的对标和竞争，更要有团队和员工对准过去自我的超越。根本的理念就是：管理与经营不同，经营要有高绩效目标，因为事关生死存亡。而管理本身则没必要树什么宏大目标：合适的就是好的，不能太跟自己较劲，只要建立和维护好持续改进和提升绩效的精益机制，管理必然会对经营产生应有的效能，要将可能达到的高绩效程度交给机遇和情境去自然而然实现。**众所周知，德鲁克—目标管理—绩效管理这是一脉，戴明—质量管理—卓越绩效模式是另一脉，这两脉从理念和理论的源头是互斥的。而作为 HR 职能体系出身的人，一般情况下会直奔目标管理和绩效管理，但我本人因为家庭和最初在一线从事技术工作的原因，对于质量管理的认识早于目标管理和绩效管理，而且我年轻时认为他们两位和他们的思想都很伟大，都值得且也需要在实践中落地。这十七年让我纠结的另外一个原因，就是如何在实践中将两种相斥理论融合并创造出一种可以简便操作的体系（我更倾向于质量管理的理念和范式）。《绩效心法》就是到目前为止，我认为已经通过解构和重构的成果。

本书原来规划有"科技"一章，因为我看到一些资料，感知到了新技术带来管理变革的新希望和新空间。有企业和研究者在探索将人脸识别＋大数据、区块链等技术应用于绩效管理，而新锐一代对大数据、云计算、物联网、人工智能以及尝试场景、娱乐、认可、游戏化管理等等在管理领域的应用表现出浓厚兴趣。但是考虑到我对这些事情只是接触到文字和想法，并没有时间去实地看看，所以最终决定放一放，给未来留一些空间。另外，本书的很多思想在 2008 年我写《成熟组织的绩效变革》时已经形成，所以本书引用了那本书的部分内容。三十年间我就职于同一家企业集团的七个不同单位和部门，但是本书的定位并不是针对某个企业或者某类企业的，也不是专门针对中国企业甚至是企业这种组织类型的，某种意义上是在讲"各类组织的绩效管理"，所以文中用词有时用"企业"有时用"组织"，这是刻意而为，并非疏漏。中国人民大学出版社 2011 年出版了我的上一本写绩效管理的书《成熟组织的绩效变革》，时隔整十年，又邀请我出这本《绩效心法》，我觉得是冥冥中的缘分，于是欣然接受了。

2020 年 1 月，突如其来的新冠肺炎疫情给了我两个契机：

一是仿佛突然有了三十年职业生涯未遇的大把时间；二是我认为到了要好好反思过去几十年的发展方式、管理方式，特别是绩效观的时候了。我决定暂时抛开逻辑和伦理，从企业一把手的角度讲讲绩效管理的心法和手法。刚梳理完目录，机会就来了：工商管理学者之家邀请我开一场讲座。巧的是清华大学继续教育学院因疫情原因启动"雨课堂"线上直播平台，想让我试讲第一课。他们听说我在准备三天后的这个讲座，提出先给他们讲，这样就有了一次宝贵的试讲机会。试讲和随后讲座的成功给了我更大信心，我随即决定着手写这本书。

刚刚过去的这几年，我在一家与培训相关的机构工作，师资紧张时偶尔客串讲课。有几堂课还算让社会和自己满意，我计划把它们变成书。从第二本开始采用合著方式，这样一是有人帮忙可以节省时间，二是让不同背景的年轻人参与进来可以补充新鲜思想，同时也是一种传承。机缘巧合，本书的合著者田勇先生比我年轻十七岁，恰巧又刚刚接任十七年前我所在企业的那个负责绩效管理工作的职位。我拉他来一起写这本书，也是想让他理解我这十七年关于绩效管理的心路历程。十七年前我是那个企业的绩效管理系铃人，时光不可倒流，系铃人不能回去解铃，期望通过共同写这本书能帮助田勇先生当一个好的解铃人。

这个庚子年是特殊的一年，我在大年初三离开父母回京，他们远在千里之外，父亲因七年前脑外伤失去行动能力，由母亲和妹妹一家照顾，疫情原因至今未能回去探望。9月份女儿带着她的情怀去英国求学，12月妹妹送外甥女去罗德岛上学又被阻隔在了美国，眼见一家人就要在世界的四个地方过春节了。我这一年来基本住在单位，原本以为时间会很充裕，4月份贸然跟几家出版社签订了各出一本书的协议，没想到后来工作异常繁忙，需要亲自敲打键盘过手的公务文字不下百万。夜深人静时才能一个人在办公室构思和创作自己的几部作品，不过也算是有个聊以忘忧的事做。谨将这本书献给被阻隔在各地的家人，特别是我的父亲。他十八岁负笈清华，三十六岁作为改革开放后第一批公派工程专家到国外进修，是中国核电建设的先驱者之一，也是引进全面质量管理理论和推动实践的领头人之一。三十多年过去了，他总结的某些管理思想还在指导着中国企业。中国能够成为基建大国，工程管理的升级换代是重要基础，时至今日这中间仍能找到他的思想足迹。我自己评价：《绩效心法》所描述的方法论，是全面质量管理理念框架下卓越绩效思想的一种实践方式。愿这本书出版时，新冠肺炎疫情能退去，每个家庭都能够团聚。

吴向京

庚子腊八于蟒山

目录

001　第一章　慎　始

只是为了某种秩序而考核那就是"考核"，连绩效考核也未必算得上，遑论绩效管理。如果并无实质战略而只有口号，或者还在探索求生，准备随时掉头，那还是不搞绩效管理的好。

003　一、持续成功的绩效管理实践占多大比例

005　二、专业部门有把"管理"带入超出组织需求的本能

007　三、驾驭职能机构和总部富有挑战性

011　四、绩效管理是管理中的奢侈品

013　第二章　惯　性

考核自古有之，定位就是保证"底绩"，无关战略、对准、绩效。为什么我们一出手就会习惯性这么想、这么做呢？因为我们千年来就浸润其中，仿佛就是宿命。

014　一、口是行非：喊着追求卓越，建立的却是低效机制

016　　二、自卑迷信：洋和尚的经也要实践检验、需过脑过心

019　　三、"局部集体主义"：获得"局部最优"的同时失去全局

020　　四、急功近利：庞氏骗局在管理领域也不少见

022　　五、整齐划一：受益的往往是"第四种经理人"

028　第三章　结　构

摆脱宿命之咒，关键在于跳出传统思维，需要聚焦创造绩效而非评价绩效，其要诀是变"一分为二"为"一分为三"：执规、履职、超越，唯超越才是真绩效。

029　　一、从"一分为二"到"一分为三"

031　　二、"一分为三"的本质和优势

034　　三、"一分为三"的游戏规则

039　　四、意外惊喜：绩效区分顽疾不治而愈

041　第四章　逻　辑

"一分为二"已经让人烦心，"一分为三"如何做到？关键在于破除执念、把握灰度，最大限度减少用于评价执规和履职绩效的时间和资源，聚焦于"创造绩效"。

042　　一、化繁为简：合而为一绩效卡

045　　二、化繁为简：错道错时考评

046　　三、化繁为简：执规考评动真格

048　　四、化繁为简：履职考评重监控和整体

051　　五、该繁就繁：超越考评不厌其烦

054　　第五章　工　具

基于持续改进和提升的卓越绩效理念有两种参考工具：丰田"问题所在即改进所在、绩效所在"激励持续改进的体系，六西格玛"激励持续系统提升绩效"的体系。

055　　一、在管理领域也要讲理论自信、讲定力

056　　二、借鉴丰田生产方式的绩效改进工具

061　　三、六西格玛理论可用于建设绩效提升工具

064　　四、借鉴六西格玛管理的绩效提升工具

068　　五、两种绩效工具的基本游戏规则

073　　第六章　量　化

我们是不是太痴迷于指标而忘记了目标？太醉心于量化而忽略了现实？我们是否已经陷入了指标和量化之灾？其实真正的决策多依据定性评价和综合研判，而非指标和量化评价。

074　　一、真正的决策多依据定性评价

077　　二、量化的重要性更多在于管理过程

081　　三、用更多的"描述目标至可衡量"＋"达成共识"

085　　四、多发现"对的"并"用对"低成本量化指标

086　　五、在实践中摸索积淀"用对"低成本量化指标的技巧

089　第七章　客　户

不要苛责职能部门教条，按制度和数据办事是他们的本分，让谁去做都只能那样。解决之道在客户，客户虽不是唯一评价者但一定要有发言权，每个单元和员工都要有客户。

090　一、找到客户，建立体系

095　二、举一反三建立持续提升的绩效体系

097　三、绩效管理和绩效考核的核心区别

100　四、调查问卷设计的技巧

102　第八章　体　系

除了华为，也没见几个公司能全面引入管理体系取得成功。对于引进管理体系要警惕，要用心磨出自己的体系，并融入日常管理，最好连它们原来的名号都扔掉。

104　一、管理有且只能有一个体系：日常管理

107　二、不要听风就是雨，华为的日常管理也是磨出来的

110　三、丰田公司的丰田套路

113　四、OKR 是最接近目标管理本意的体系化实践

118　五、条件不具备时将 OKR 思想融入三维考评体系

124　第九章　到　位

一把手请人来咨询、设计、培训都很好，但问题是你要弄明白：最该参与的就是你自己，自己要到位。如果真是要提升和创造绩效，那么使用者缺位只会收获形式主义。

125　　一、置身事外是惰政和恶政之源

128　　二、梳理体系，规范要到位的环节

130　　三、出其不意的到位更有魅力

132　　四、不仅要立到位，更要破到位

133　　五、过犹不及，到位不要过度

135　　第十章　元　力

绩效管理是管理正规化的极致化，把绩效管理用文字表达出来，即便你能写明白，能看明白的人也太少了！迷信文字和制度的成本很高，要靠实训习得，要培养关键少数。

136　　一、人的问题永远排第一位

138　　二、元力的本质是内驱力

139　　三、构成元力的两个关键

145　　四、建立元力传导机制

147　　五、熔于一炉的模拟舱培训

152　　第十一章　氛　围

一把手要靠自己营造的组织氛围才能从容镇定驾驭绩效管理，否则必然适得其反，必然收获负绩效。有四种组织氛围对于绩效管理至关重要，需要时时监测并有效加以把握和调节。

153　　一、组织氛围的影响力和重要性

156　　二、组织内部的四种关键氛围

159　三、监测和营造组织氛围

161　四、营造组织氛围要沉浸到组织中去

163　**第十二章　问　心**

我们需要定下心来回顾历史，问问我们的初心，问问自己的内心：到底什么算是绩效管理？组织需不需要绩效管理？如何建设绩效管理？什么是好的绩效管理？

164　一、是否存在理想的模式

166　二、回问对绩效管理的期许

167　三、回看绩效管理带来的打击

170　四、回顾问题的原因在哪里

173　五、何为心法，谁的心法

180　**附录　绩效管理的心法**

219　**参考文献**

第一章

慎　始

只是为了某种秩序而考核那就是"考核"，连绩效考核也未必算得上，遑论绩效管理。如果并无实质战略而只有口号，或者还在探索求生，准备随时掉头，那还是不搞绩效管理的好。

　　对实施绩效管理的莫大期许和实施绩效管理的实际效果，特别是它带来的问题，17年来我做过系统的反思和梳理。本书讨论的"绩效管理"是指员工绩效管理或全员绩效管理，而非股东对企业、企业集团对所属企业、上级机构对下属单位的业绩考核。

　　认同度比较高、一般意义上的绩效管理理论，大致的路数是这样的：以战略为轴心，往上，以战略承接愿景、愿景承接使命，价值观作为评判（取舍）标准，此为组织上层的绩效管理或者说绩效管理的源头；往下，绩效目标对准战略，或者说逐层分解战略目标为具体绩效目标，程序为绩效计划、绩效辅导、绩效诊断、绩效评价和绩效反馈五部分构成的闭循环过程。绩效计划是评估者与被评估者双方对员工应实现的工作绩效的沟通过程；绩效辅导是管理者对员工在工作进展、潜在问题、解决方案等方面进行的沟通辅导过程；绩效诊断是分析引起绩效问题的原因，通过沟通帮助员工提升绩效表现的过程；绩效评估是通过系统的方法对员工的工作行为和结果进行测量的活动；绩效反馈是员工与管理者共同回顾和讨论绩效完成情况，并制订绩效改善计划的过程。什么样的企业需要做、可以做这样缜密精致的全员绩效管理？我觉得这是有条件的，并不是每个企业都需要做、都可以做。

一、持续成功的绩效管理实践占多大比例

我问过遇到的每一个对绩效管理有深切体会或研究的企业同行、商学院教授和咨询顾问同一个问题："你能不能提供一个能够持续五年以上的绩效管理成功案例？"结论很悲观，翻来覆去也就是传说中的那么几个似乎算得上是的企业（或组织）。而相反，备受绩效管理折磨的企业和组织比比皆是。所以我说：**绩效管理收获负绩效的概率大于绩效，搞死企业的概率要高于搞活企业。**这个有些令人沮丧的结论，既来源于我接收到各方面信息的感觉，也有一些研究数据支撑。

经营的目标物是效益，管理的目标物是效率。我们很多一把手，对于实施绩效管理有这样那样的丰富诉求，其中有一条非常重要，就是要清晰：目标清晰、战略清晰、职责清晰、任务清晰、过程清晰、结果清晰、贡献清晰、责任清晰、成败原因清晰、报酬与贡献关系清晰、个人发展方向和路径清晰。为了清晰，我们真是付出了努力，造了山一样的制度和条例，海一样的考试和竞赛，有多少"996"就是为了这个"清晰"？靠量的投入求清晰，实质上造成去敏捷化，结果就是被组织恶性膨胀和官僚主义全盘接收。会收到什么效果呢？有个典型的例子：

某石油企业曾经发生了一个很大的事故，记者去采访，挖掘出员工编的一个段子："装置可以爆炸，衣服不能穿差；管道

可以漏油，不能不拣烟头；仪表可以全停，不戴胸卡不行；工作可以不会，条例必须会背；设备可以出事，走路必须排队。"

由上例可知，作为一把手一定要明白，管理要适度，清晰本身不是企业经营的目标，也不是绩效管理的目标。

肖知兴教授说**"管理是最好的蓝海"**。《管理世界》一项新的研究表明，"管理"有助于创造效益是不容置疑的。我赞同肖教授的思想，更相信上述研究结论，那么我为什么还要坚持认为不要轻易尝试绩效管理呢？不仅仅因为现实可见的成功实践少之又少，而且从实践中我们反思得知，关于绩效管理的典型理论其实是基于理想化的环境和场景假设，一般情况下企业都不可能真正具备。不说别的，落地的PDCA（计划、执行、检查和处理）循环，说说容易，新鲜一年两年也有可能，长期坚持的可能性有多大？（绩效管理的源头操作做得好的大企业越来越多，后面会再讲这个部分。）举个现实中的例子：各级经理人能够一本正经跟下属做绩效沟通，前置的基础和条件是什么？恐怕是需要"上智而下愚"，上级对下级有说服力、领导力吧！需要下级对于提拔或空降来的上级心服口服吧！而现实中，一个组织中谁上谁下，下级普遍服气上级的比例能有多大？如果下级不服气上级，那绩效沟通是不是就是形式主义呢？是不是让上级和下级都很痛苦呢？他们会去真的执行吗？逼着他们真去执行了，收获的怎么可能不是负绩效呢？

能够投放大量资源和能量到"管理"上的组织，必然是盈利能力强且相对稳定的好企业或组织，若能将资源和能量比较从容地投放到组织管理中并且是对路的，那势必会产生良性循环。可是就目前企业界的情况看，绝大多数企业或组织在为生存而奔忙，经营的压力很大。让员工理解、接受、具备绩效管理理念和程序的素质，成本非常之高。尽管现在的员工受教育程度有了很大改善，但是还存在很多"一上战场，兵法全忘了"的现象，课堂的训练和实际操作到位，这中间是不小的鸿沟。实践反复告诉我们，对于绩效管理的操作，往往就是一听就懂、一看就会、一做就偏，按照理论套路来搞的绩效管理，是资源和精力的无底洞。

二、专业部门有把"管理"带入超出组织需求的本能

从一把手的角度，需要有这样的认识：专业人士以发挥他们的专业特长为己任，推销绩效管理的人士也是专业人士。尽管你可能也是专业人士出身，但是在一把手的岗位上，就要有不同于专业人士的视角和定位。专业人士包括组织之外的智力服务供应者，也包括组织内部的所谓管理职能部门的人。在一个号称知识经济、崇尚学历的时代，组织内外部的专业人士无处不在，他们会自觉不自觉地领着组织深入、细化到过于专业的程度，以服务经营、服务效益的名义，直至发展到会影响直接用于经营的资源和能量。而林林总总的专业管理体系中，绩

效管理耗费资源和能量的效率最高。十几年前，我就是推销绩效管理的专业人士的典型代表。以我在推行绩效管理时驻点过的一家上千人的从事社会服务的企业为例：

一个普通工作日，平均发生约 11 000 件事情，除 50% 高度程式化、标准化的工作外，其余的事情均有较大的变数，而一般的企业对程式化和标准化的工作，也未必能够控制得很标准，也可能存在变数。在一个上千人的生产型企业，一天也要发生约 4 000 件事情，其中 40% 左右的事情可能存在变数。在激烈的市场竞争中，外部（股东或上级）对企业的绩效要求越来越高，他们要通过考评来确认企业管理层是否在按照其意图和要求经营企业。来自外部的考评压力，势必直接影响管理层的行为，使其转变为对业绩目标的分解和对过程的控制，特别是对可能存在变数、可能发生波动的事情的考评，自上而下的考评冲动由此形成。我领着咨询团队，将所有部门、团队和个人都纳入越来越多、越来越精细的考评中：11 个职能部门、17 个业务部门、57 个业务班组、1 300 余名员工（业务和勤务操作层员工约 800 人，从事职能管理和其他支持工作的员工约 500 人）。应用平衡计分卡逐级分解指标体系时，分解到部门时有 270 个指标，到达业务班组时有约 1 000 个指标，到达管理人员时指标已经超过 7 000 个。找指标、确定指标内容和指标目标成为巨大的负担。抽样测定显示，从事职能管理和其他支持性工作的员工在这件事情上付出的时间平均已经超过总工作时间的 50%，职能管理人员几乎达到 80%。

回想那个时候，我和我的团队以及该企业的项目组，虽然日夜加班，但是很亢奋，因为我们认为自己的专业价值得到了体现。如果一把手只看到专业人士的敬业就给予褒奖和鼓励，而不能看到他们的潜在威胁，将是危险和片面的，其实他们无意中已经为自己的感受和专业前景埋下了危险的种子，更何况有的专业人士和团队本身就带着明确的谋利目的。

三、驾驭职能机构和总部富有挑战性

美国通用电气（GE）前董事长兼首席执行官（CEO）杰克·韦尔奇在他的退休演讲中给 GE 提出十条建议，其中一条是：**"随意度"翻倍是最大的竞争优势**。意思是：有随意度、有不清晰、有混沌才有创新，清晰的方向是在混沌中产生的，方向是随着时间和空间不断变化的，它常常会从混沌变得清晰，又时常从清晰变得不清晰，从而产生新的创新的动力和契机。组织的环境并不是非黑即白、非此即彼，存在一定的不确定性和多种可能性，这才是企业最大的竞争能力。也就是说一定程度、特定领域的混沌、不清晰是不可避免、必不可少的！很多创新就来自混沌，什么都理清楚了，这个企业也就差不多了。杰克·韦尔奇的这段话并不表示他反对规范化，相反韦尔奇大力推行六西格玛，六西格玛不就是极致的清晰吗？要把偏差控制在百万分之三点四以内。但就是这个貌似矛盾的说法，蕴涵着他驾驭职能部门和总部的智慧。杰克·韦尔奇作为驾驭 GE 这样一个庞大企业集团的一把手，要用他的总部、用他的官僚机构，这么大的组织，没有规范化、正式化、稳健化是不可想象的。但是他又强烈地意识到，总部和官僚机构驾驭不好会变成官僚主义，所以要抓住一切机会批判文牍主义、官僚主义。一边要用，一边要时刻提防、控制它。现在国资委也在提出央企总部去机关化，我觉得泛泛地说是没有用的，要真正弄明白到底什么是总部，搞清楚总部的本质，一把手才能知道如何驾驭好总部。应该说杰克·韦尔奇控制得不错，而他的继任者好像这方面略弱一些。

17 年前只是在书上、在资料中、在咨询顾问和教授们的讲解里听到 GE。真正跟 GE 打交道已经到了 2010 年，我和 GE 总部有了直接联系。那时候我们公司和 GE 各出资 50% 成立了一家金融企业，我作为我们公司金融总部 HR 机构负责人，和他们产生了密切接触，真正领教了 GE 职能部门的强悍。在我们看来，合作过程中遇到的各种问题很难办，GE 非常强势。这家金融企业的两个东家都很厉害，虽然大家各出资 50%，但都认为这家企业是自己的。这家企业有项业务，大概一年左右时间一直被 GE 合规部否决，制约了企业的发展。我方员工很焦急，不断地给领导汇报，领导最后找到了 GE 的一把手，跟他讲这个事情，请他干涉一下合规部，不要老否决。他的答复是"合规部定下的事情，作为 CEO 不能推翻"，最终这个事情流产了。时间长了双方也就熟悉了，GE 方的高管后来跟我说，他们认为，如果是杰克在，估计他会干涉的，不会完全由职能部门按条条框框来决策。我想从学者角度来看，很多人会对 GE 一把手的回答持赞赏态度。以前我大概率也会这么想，但你不是那个实际相关人，如果是你在那儿花了一年时间弄了山一样的材料，一遍一遍地求人、一遍一遍地疏通、一遍一遍地请求他批准，最后被他一句话打回来，你也许就不会那么想了。

　　我和我的同事从这个角度真正认识到了杰克·韦尔奇的伟大，他驾驭住了官僚机构，而他的继任者一上来就把活力曲线、末位淘汰制取消了，把绩效管理泛化了，大家都很快乐，都说他好。结果呢？好像 GE 的情况不如杰克·韦尔奇那个时代了。应该说，能够很好地驾驭总部、驾驭官僚和官僚机构、驾驭正规化的人，才是真正伟大的经理人、伟大的领导者！杰克·韦尔奇为什么驾驭得好？跟他的价值观、洞察力和领导力密切相关，也就是他敏锐地洞察到了总部的重要性，也洞察到了它的危险性，并始终有效掌控了它。所以杰克·韦尔奇是驾驭总部的斗而胜者。

　　疫情初起的这两个月我闲来又翻明史，发现了另外两种类型。明朝 17 个皇帝，被后世评价高的占绝对少数，其中大概有 8 个死于非命，这个评价虽然有清朝皇帝有意抹黑的成分，但我觉得更多是后世的文人文官们给下的，后世的文官集团仍然对他们有芥蒂，因为他们跟他们的前辈有本能一致的价值观。明朝皇帝最痛苦的就是和他的大臣们斗、和文官集团斗，文官集团就是官僚机构、就是总部。时代不同了，组织的性质不同了，但这个本质没有变。

嘉靖和万历都当了 40 多年的皇帝。嘉靖是先胜后败。15 岁的嘉靖就跟文官集团斗。继位前礼部定下的方案是让他走东边的门进宫，他偏不，一定要走中间的门！官僚集团找了一堆理由证明不能走中间的门。15 岁的嘉靖想，你让我走东边的门，不行，我一定要走中间的门！结果他胜了。嘉靖当了皇帝后要追封亲爹为皇帝，又是一番天昏地暗的斗，又胜了！年轻的时候斗败了官僚机构，后来年龄大了也和光同尘了。万历也斗，但是输多赢少，最后干脆不露面，搞非暴力不合作。非暴力不合作的方式在下级对抗上级时经常用，有时候一把手驾驭不了强大的职能机构时，也会采用非暴力不合作的方式，后期的嘉靖和万历就是这样。

我说这个的意思是：作为一把手要清醒，正规化有它的利也有它的弊，全员绩效管理是组织经营管理正规化的最大化，因为它涉及每个人，涉及每个人的具体工作，我认为规划化、正规化的最大限度就是全员绩效管理，所以它也是随意度的最大敌人。如果既要有随意度，又要搞绩效管理，你还要想好杰克·韦尔奇当了 20 年一把手，嘉靖和万历当了 40 多年一把手，他们的结果分别是那样的，你有多长时间？该怎么谋划、磨合才能像杰克·韦尔奇做的那样好？

四、绩效管理是管理中的奢侈品

作为一把手，你一定要扪心自问：你把什么视作绩效管理？你要绩效管理干什么？如果只是出于"统治"或者说得好听点"管控"企业的需要，为了建立某种秩序，那么你想建立的其实就是考核体系，它只是考核，连绩效考核都算不上，因为它并不强调对准战略，而是对准你的某种需要，这无关绩效。而"管控"或者说"统治"一个组织这件事，充满了背反规律，就像抓沙子，握得越紧可能握住的越少，既能把握大局又能保持随意度，靠的是多方位、多层次的组织机制和个人智慧，绝不是靠考核独大、独重能够达成的。即便是已经成熟的大型组织，其中的多数更多的时候也只需要一个粗线条的、逐层负责的考核体系即可。"管控"或"统治"的前提是聚焦经营，将员工绩效管理授权给单元或团队，给做得好的单元或团队适度的鼓励，自己和经营层不要陷进去，也不要让员工陷进去。

再次强调我不是给特定公司或行业的企业在讲，而是针对当今社会的共性现象和问题在讲。很多企业只有上百人甚至几十个人，我看很多一把手热衷于搞绩效管理，因为问我这事的人还挺多。我就问了，你一眼看过去是不是知道每个人在干什么、干得怎么样，跟你想象中的组织目标是不是相关，你心里有数吗？他们都说有数，我说那你还搞什么全员绩效管理。相当多的企业，特别是在高速发展的创业期，没有定型、没有进入正规化的企业，今天定下的事情明天就可能变的企业，我建议最好先不要搞绩效管理。如果企业还并无实质战略，只有个大概目标或者说好听点算"愿景"，或者还在探索求生、随时掉头的阶段，搞什么全员绩效管理？选择做绩效管理，意味着你的组织规范化管理达到了相当程度，是相当有规模的、相当稳健的企业。慎始的意思就是：有一些企业可以搞，但有很多企业不需要搞。当然，有些企业做大了，进入规范管理阶段，就免不了试试绩效管理。尝试绩效管理的时候，我们要注意别堕入宿命之渊，这是大多数人容易陷入的形态，因为文化惯性的作用。

○

第二章

——

惯　性

考核自古有之，定位就是保证"底绩"，无关战略、对准、绩效。为什么我们一出手就会习惯性这么想、这么做呢？因为我们千年来就浸润其中，仿佛就是宿命。

那些选择搞绩效管理的企业领导者开始多是信心满满，但是我看到并且要说的是：大概率地，你面前有两条路。一条是你凭本能，一想就会想到那条路上去：定一个满分标准，然后考核扣分，然后排名，考核＝扣分。虽然不是百分之百，但绝大多数企业和组织都会走到这条路上。另一条是所谓的经典理论路径，它的操作结果，前面已经说了很多，不再赘述。即便你选择了经典路径，很大概率你还会回到第一条路，因为那是我们最习惯的路径，八九不离十会转一圈回到这条路，正常人大都是这样的，这是我们的文化惯性决定的。作为经理人，要认识到我们文化中有些惯性对经营和管理现代企业不适用，起码不适合处于竞争性环境的企业。

一、口是行非：喊着追求卓越，建立的却是低效机制

严密的考核其实最多只能保证"底绩"，只能保证组织循环往复运转，无关战略、对准、绩效。为什么一些管理者对于考核，一出手就会这么想、这么做呢？因为它已经成为我们的文化和集体下意识的行为。绩效考核不是新鲜事，而我们现在所说的绩效管理，对绝大多数管理者而言，是没有心思去搞明白的，想当然地把它想象成绩效考核。因为严密的考核已经深

入骨髓、化为基因了，一动手就会下意识地把它搞成那个样子。这就是成熟官僚体系的基本运作机制，古已有之，特别是文官官僚体系最成熟的宋、明两代。

"绩效"这个词在中国最早提出来应该是在《宋史·梁鼎传》中，梁鼎给皇帝起草上报了一个考绩之法："有考功之司"，设立专门部门负责，明确考核主体；"明考课之令"，明确考核的程序和标准；"下自簿尉，上至宰臣"，下至副县级官员上到宰相全员考核；"皆岁计功过"，每年都要考核一次，明确考核周期；"较定优劣"，考核要有排名；"故人思激厉，绩效着闻"，考核结果是一种逻辑推理出的、假设的结果，如果有了这个考绩之法，那么人人都会受到激励，绩效就上去了。梁鼎还配了"4 善 27 最"的汇报附件，也就是考核标准。"4 善"相当于如今的干部考核中"德、能、勤、绩、廉"五项指标，只是把"能"去掉了（"能"体现在"绩"里面），即"德、勤、绩、廉"。"27 最"相当于通过标杆法做出的职类职阶胜任素质模型，也就是分了 27 种职类和职阶，把最高标准定出来，换句话说也就是 100 分定出来了，考核就是从满分往下扣。我们现在多数组织的绩效管理方案和 1 000 年前哪有什么本质区别？

万历元年，张居正主持了明朝的考成法。他为了提高办事效率，强调"事必专任，立限完成"，必须有责任人，必须有完成时间，层层监督，各负其责。万历皇帝很满意，说："事不考成，何有底绩？"如果没有绩效考核，怎么能够保证最基础的绩效呢？看见没有，他的定位是底绩，保证最低绩效，绩效考核的目标就是保证最低绩效，实质上也就是能保证最低绩效。

二、自卑迷信：洋和尚的经也要实践检验，需过脑过心

一些人的深层意识里还有一条：凡是美国的管理思想都是先进的，凡是科学的都是正确的。关于科学管理的相关理念，我一直套用 20 年前的一位老师教的公式：有什么事设什么岗，在什么岗干什么事，干什么事拿什么钱。有人说这个逻辑很对。对需要做的事情，设定目标和标准，按照既定的目标和标准去核实，结果与激励挂钩，这难道有错吗？这没错，这和宋朝、明朝的办法一以贯之，很对，而且是从科学管理的创始人泰勒那里学来的，能有错吗？应该没错。为了找到它错的原因，我花了 10 年时间：它是错的！错在什么地方？错在这样的理论不适合现在的企业，不适用于激烈竞争条件下的现代企业，特别是不适用于现在以知识工作者为主的创新型企业。

这样一种考核体系，逻辑上就是向下控制，定了最高标准，层层往下理，立意就是求保底。作为一个竞争状态下的现代企业，正常情况下应该是定底线，放开天花板。为什么把天

花板定为 100 分？定了 100 分，有人能干 1 000 分怎么办？你不是逼他走吗？为什么定那个 100 分呢？只要定一个底线就可以了，干到什么程度叫最好？有多好算好！干得越好越好！这才能适应现在的形势，成为现代优秀的企业。如果我们还受制于传统思维，想当然地认为这是最好，然后层层往下减分，这个企业不会有竞争力。这就是所谓的逆向淘汰，这就是逆向淘汰的内在逻辑：设定最高标准，就会把更高水准的人驱离，不知不觉中就把真正高水平的人赶走了，这是它的错误之一。错误之二是把人格定位为物，定位为机器，定位为马牛。认为人的行为可以规范好，你定好标准，他必须按照那个标准做，不能逾矩。泰勒在搞科学管理的时候说了两个限制性条件，说这套东西适用于两类人：一是以出卖体力为主的人；二是不能太聪明的人，不能是知识工作者。绩效管理的理论和实践都来自西方，是不是这些东西就能够改变我们呢？我看未必。

有一个阶段，杰克·韦尔奇在 GE 比较顺利地建立了绩效管理体系，并能完成其过程，做到了绩效考评、绩效区分及绩效激励的制度化和常态化，同时能比较顺利地淘汰表现最差的那类员工，但他退休后这些就都中止了。其他北美企业是否做到了呢？其实很多也做不到。之所以有些西方发达国家在绩效管理方面做得相对好一些，一方面是激烈的外部竞争、短缺的劳动力市场以及持续改进和积累等的结果；另一方面是他们的管理理论研究和输出远远超过我们，我们的学者和以盈利为目标的各种机构，自觉不自觉地放大了那种好的效果，而刻意屏蔽了它们不好的一面，我参加过几次北美企业深度调研对此有深刻体会。除去企业的外部原因，管理经验的积累和改进——也就是经历真正商业化环境的时间长短也是个非常重要的因素。中国现阶段真正成规模的企业，其按照商业化模式经营的历史相对来讲其实还很短，内部管理人才和经验的积累少。从对北美同类组织的绩效管理考察中，可以明显感觉到他们也曾经困惑过，并且一直在困惑，一如今天的我们。

并不存在外国企业实施绩效管理的条件优于中国的神话。从企业的角度讲，在法律许可的范围内，中国企业的操作空间要大于北美企业。以加拿大为例：

从宪法到专门的雇佣法均对劳动者实施严格的保护，种族、文化、年龄、性别、身体特征、残障、学历等方面的歧视都将受到制裁。例如，魁北克省已经废除了强制退休年龄的规定（涉及宪法所禁止的年龄歧视）：只要劳动者自己愿意，且符合职业对身体条件的规定，就可以一直干下去，2007年我在魁北克电力公司调研发现，他们年龄最大的员工已经85岁了。法律还禁止在管理的过程中歧视员工。某员工过胖，影响到正常工作，企业方不能直接指出这个问题，那样可能会面临被指控身体歧视的风险，只能婉转地提醒，比如送他健身券。员工酗酒影响工作，要累计到一定次数并且履行两次提醒的程序，最后还要与工会协商后才能进行处置。

由上例可知，北美企业在绩效管理领域受到的法律限制和外部约束十分严格。

三、"局部集体主义"：获得"局部最优"的同时失去全局

我们往往发现，有些组织在绩效驱动机制下，各个单元的绩效越来越好，组织的整体绩效却好像越来越令人担忧。有人会说：这是技术问题，是指标分解不当，没有对准战略造成的。或许有这方面的问题，但那绝不是主要的，主要的问题是"局部最优化"。它是指仅关注或改变整个体系的一个成分，而忽视部分对全局的影响，造成一个部分持续改进和发展直至最优，但损害了其他部分和整个团队。在实践中，大量组织的绩效考评体系都是由相对独立和分散的单元组合而成，即使是统一设计的，在实施过程中也会因人的不同而产生分离，比如在企业中，生产考评体系、营销考评体系、财务资产考评体系、研发考评体系、行政考评体系等，每个体系都会不由自主地在公司中展开争夺资金、项目、人力资源等的竞争，而考评结果往往是争夺的基础，所以局部看起来完美的体系，从全局看往往可能"不做比做更好""绩效不彰比成就斐然更好"。

最近有位朋友跟我讲了他们公司让所有中层经理都很反感

的一件事，并特意嘱咐我写进这本书里：

这是一家上市公司，近年来公司员工流动率过高，人力资源（HR）部门的关键绩效指标（KPI）完不成，于是把员工招聘任务分解到所有业务部门，要求在完成业务的同时，要附带招募员工，理由是业务部门更理解公司文化、接触面更广。结果HR部门的这项KPI完成得越来越漂亮，却给业务部门带来很大压力，各部门怨声载道。

组织内部"局部最优化"的倾向与"局部集体主义"基因相关，如果我们不能及时检视、反思、改进绩效机制，组织中专注于职能的、分散的、具有局部最优化导向的绩效体系必然会成为主导。这类绩效体系导致"大家都有，我也要有""只要结果，不论方法""听说先进，所以就要"的组织氛围，结果就是全局和战略的迷失。

四、急功近利：庞氏骗局在管理领域也不少见

我们倾向于制度设计从上到下一般粗，但上下一般粗是反自然的、非理智的，然而又非得整齐划一，妥协的结果体现在绩效评价的周期就是从员工到企业都以年为单位，其结果直接导致急功近利。黄钰昌教授的团队有个研究：

他们收集了2006—2013年1 442家美国上市公司披露的数据，以及2006—2017年国内上市公司披露的1 862份股权激

励计划。在对两者进行对比后，有一些有趣的发现。国内企业偏爱利润营收类财务指标。数据显示，美国上市公司使用频率最高的四种绩效指标分别为：盈余类指标（52%）、市值类指标（38.1%）、资产回报类指标（28.7%）以及销售类指标（23.2%），且盈余类和资产回报类指标近年逐渐变少，市值类指标则更频繁地出现在股权激励计划中。国内上市公司的股权激励计划都惊人地相似，且绩效指标选择高度集中于三种指标：（1）净利润（增长率）占61%，属于盈余类；（2）净资产收益率占36%，属于资产回报类；（3）主营收入（增长率）占20%，属于销售类。同样的KPI其实在年度绩效考核中已经使用，并作为年终奖金发放的依据。国内上市公司几乎不用市值类指标作为业绩指标，也极少将股权激励与战略指标挂钩。这从侧面反映出国内的股权激励名义上为一种长期激励工具，却展示了相对短期的设计导向和特质。

以年为单位或许比较适合个人和团队，但是否适合一个企业整体，特别是大型和特大型企业？我认为很大程度上是不适合的。不适合怎么办？金融领域有个词叫庞氏骗局，我先挣了钱再说，风险嘛，就击鼓传花，在谁那里爆雷算谁倒霉。这个逻辑在不当的绩效机制下，自然而然就被应用到企业管理上了：业绩考核的结果一年年越来越漂亮，核心竞争力和未来却越来越让人心里没底，具体怎么做到的呢？如果你在那个位置上你也会自然而然做得很巧妙。

把绩效管理当成包治百病的万灵药是幼稚的，它潜在的深层次问题需要我们有所预判并随时保持警惕，不"世俗"、不接地气、认识不到人性的深处，沉溺于理论、模型、方法、工具，即便把管理层收购（MBO）、平衡计分卡（BSC）、经济附加值（EVA）、KPI、目标与关键成果法（OKR）等理论背得滚瓜烂熟，也不配讨论真正的绩效管理。

五、整齐划一：受益的往往是"第四种经理人"

现实生活中管理实践是理性的、规范的、按部就班的，还是直觉的、随机的、非正式的？无疑，人们更多地假设管理在现实中是理性的、规范的、按部就班的，然而事实不容乐观。有研究表明，管理者通常并非深思熟虑、系统性强的计划者，他们要处理大量琐碎事务。高级管理人员并非高度依靠正式的管理信息系统提供的综合信息，而是更倾向于口头传导，管理者的规划和计划深深地藏在他们的大脑之中，并随外部情况的变化而变化。企业日常管理呈现"混乱"的状态，而这是一种不足为怪的常态。一项针对 56 位美国工长的研究表明，在 8 小时的工作时间里，他们平均要从事 583 项活动。一项针对 160 名英国中层管理者的研究显示，他们每隔两天才可能有一次不受干扰、连续工作半小时以上的机会。针对 5 位 CEO 的研究表明，他们半数以上的活动持续时间不超过 9 分钟，持续时间超过 1 小时的活动仅占其总活动量的 10%。

对管理的本质的判断，我们往往在方法上出现两个基本偏差：一是强调自上而下分解目标，强调职能部门的集中操作和管控，假设的逻辑是"压力变动力"，通过逆人性的施压来达到目标，没有给主动创新和牵引机制留下空间，并且是自开端到末端的施压，忽视了下级管理者的主观能动性和经营管理实践的丰富性，认为通过考评这些关键业绩指标就真的能够实现战略，忽视了在实施过程中是否真的能够贯彻真实意图；二是把管理的过程看得理想、简单和美好，认为通过正式制度规定和号召，就能实现管理者与员工交流、沟通，就能以人为本，而忽略现实中的懈怠、阴谋和冲突。

我们的文化是崇尚整齐划一的，从周公制定周礼到孔子克己复礼，礼就是用统一的标准逐级规范人的行为，从而达到规范化治理家庭、区域、国家、天下的目的。在经营和管理现代企业，尤其是处于竞争环境的企业时，固化的、规范的绩效标准最大的问题在哪里呢？最大的问题不在前面所罗列的绩效管理所造成的那些不良表象方面，那些问题还都是表面的，一旦把机制理顺了，制度改进了，那些问题很快就消失了，那是浮在表面的泡沫，受那点委屈和折磨还真不叫事，只要领导明白了、纠正了，一天云彩就散了，照样是艳阳天，所谓病在肌肤、病在腠理，不是病入膏肓。真正有杀伤力的是它的深层次问题。

　　韦尔奇在他的退休演讲建议里有一条就是说这个深层次问题：如何管理第四类经理人。按照 GE 的评价标准，经理人分为四类。第一类经理人价值观和公司的价值观一致，业绩也很好，当然这类人要提拔重用。第二类经理人认同公司的价值观但是业绩没有那么好，需要你来帮助他、培养他。第三类经理人价值观跟公司不同，业绩也不好，按照韦尔奇的看法，要淘汰他。这三类经理人都好办。但是韦尔奇非常敏感地洞察出另外一种非常可怕的人，就是不认同公司的价值观、不讲诚信，却有业绩的第四类经理人。韦尔奇讲："这类人绝不可以出现在我们这里。这样的人，比第三类经理人还要可怕，会消磨掉任何组织的活力。无论你是学校、企业、机关还是其他任何地方，这样的人到处都有。这就是所谓自私的人，他的业绩好看，但是以牺牲他人为代价，他会挖坑、陷害别人，他会明抢暗夺，明明不是他干的会勇敢地说是他干的，他会欺上瞒下，永远把自己的利益排在第一位，一门心思努力往上爬，这样的人是最可怕的，一定要把他甄别出来。"

　　韦尔奇认为这种认知的缺失、机制的缺失才是最深层次的问题、最可怕的事情。可悲的是好像这个问题已经严重到一定程度了。这几年有一个词叫"精致利己主义者"。这个词我觉得非常传神。所谓"精致利己主义者"，就是专门研究你的绩效标准，迎合你的考核需要，而罔顾全局和未来的人。因为明白人都知道：任何一个大型组织中，绩效标准定得再严密、再丰富，能涵盖组织全面的、真正的需要，代表真正的发展方向吗？我可以肯定地说，不能。一个大企业，过起日子来，运作起来，一天发生数以百万计的事情，到底哪个重要哪个不重要，如何来衡量？而面对不确定性的未来，一切都是试探，又岂能一概量化？用指标把它给框出来，那是很难的。我曾经调侃KPI：K是关键Key，什么叫关键？你把最重要的事情悄无声息做好了，一点都不关键，谁都看不见。你把最不重要的事情干砸了，干出毛病来了，马上就关键了。你看明史会发现：官员养寇自重，明明他能消灭敌人，但是他就不，养着敌人，让他年年来骚扰。因为年年打他，年年就能立功受奖，所以不能一次就把敌人消灭，精致的利己主义者最会弄这些事情。在一个企业里，你想靠定出条条框框，定出指标体系，把企业的方方面面都框住是做不到的，而我们多数的组织和企业恰恰就在犯这个幼稚病，没完没了、无穷无尽地在指标上折腾，指标多到要"建库"，有用吗？你定了哪些标准，精致的利己主义者就研究你的标准，迎合你的考核需要，把你定出来的东西做到最好。所以KPI一定要少之又少，最好一个单元就一条，多了不如没有！因为精致利己主义者明明心里清楚还有更重要的事情、关乎全局和未来的更重要的事情，但是他不！你设什么是KPI，他就把什么做到最好。

网上有一篇文章讲屠呦呦为什么又没评上院士。虽然大家都认为她理所应当能评上院士，但她就是没评上。为什么呢？因为她不去研究当选院士的标准，只关注自己真正的责任，她没有按照那个考评标准去弄材料，那会怎么样？那她就是评不上。某些体系，不干涉它、不改变它，没有例外、没有干涉机制和叫停机制，任由"有关专家""有关部门""刀笔小吏"按照条条框框理直气壮地一路走下去，那才最可怕。我在一个强调高绩效、快绩效的行业工作过三年，在那里接触到所谓世界排名前列的华尔街咨询机构的精英，获得很多感触。我认为过度强调考核、考试，用数据去排名，以排名为主要依据去决策，起源于美国或者更加精确地说是华尔街，近十几年在中国被广泛应用，把我们裹挟其中，让人从娘胎里就开始竞争、排名——这是精致利己主义横行于世的病毒根源。

本来，中国文化是有高级心法平衡或者说压制这种无节制攀比的，因为任何一个种族要延续，都得世俗、都得讲绩效、都要有斗争，几千年来的中国人肯定也有功利的成分。但是在中华民族发展历程中，中国人产生了自己的"精神贵族"和"贵族精神"。儒家讲"尽人事听天命""但问耕耘、莫问收获"，强调君子以责任和道义为本；道家讲"无为，而无不为"——勿刻意而为，才能成就有为；佛家更精练，就是一个"空"字，争来争去都是虚妄。这些思想与奋斗精神一样，也是文化的根和魂，它提醒我们：不是不争，不争就没有生存和演进，而是**要有人不为一隅争、不为眼前争、不为自己争**。所以绩效管理追求整齐划一，指标统一、标准统一、流程统一、方法统一、打卡统一，实质上就是在精神上诱导向下看齐、向低标准看齐，只会造就考试精英、马屁精英和无脑人。我们要认识到，我们不经意间很容易走这条路，这是熵增之路，是顺路，美美地就走到死胡同里去了；而要防止它发生却是熵减之路，是逆行之路，需要负重而行，作为一把手要时刻保持清醒、警惕。

一

第三章

—

结　构

　　摆脱宿命之咒，关键在于跳出传统思维，需要聚焦创造绩效而非评价绩效，其要诀是变"一分为二"为"一分为三"：执规、履职、超越，唯超越才是真绩效。

那些不利于竞争性企业的绩效基因，根子在于以"控制"为主导的意识和潜意识，是"平台在上、人在平台之下"的控制思维模式所必然导致的结果。因此，摆脱宿命之咒，关键在于建设"平台在下、人在平台之上，平台主要起服务功能"的开放文化和管理模式，这个事情说说容易，做起来却非常有难度，因为这是一种刀刃向内的自我革命，是从以控制别人为乐到以成就别人为乐的心智模式的转换！其要点是：绩效管理要**聚焦创造绩效而非聚焦评价绩效**，其中的操作性诀窍就是变"一分为二"为"一分为三"。

一、从"一分为二"到"一分为三"

做事情并不是只有"正常"和"非正常"两种结果，正常的不扣分，非正常的就扣分。而考绩也好，考成也好，考核也好，本质上就是两分法，这是有毛病的，尤其在激烈竞争的企业中这么做很危险。我们需要"一分为三"，明确三分法，除了正常、非正常以外还需要有超常，把真正意义上的正激励给予正绩效。什么叫正绩效？正绩效就是绩效管理的绩效，绩效管理要见到绩效，要明确地看见绩效，这才叫绩效管理，而不是一本正经的底绩保障游戏，这是我对绩效管理的认知。

仔细分析那些卓越的企业，曾经的 GE 也好，华为也好，腾讯也好，都有明显倾向超常的机制。通常的一分为二模式下，时间一长，正常和非正常的差距其实很小，就是走走过场，你看考核结果：90 分和 100 分的差距就不算大，何况现实中更多的是 99 分和 100 分这么点差距，考核数据基本上都很接近，你没见过绩效考核得分有 500 分、100 分的吧？而为什么就不能有 500 分和 100 分这样的结果呢？其实真正卓越的企业，创造价值的恰恰是那种卓越的突破和创新，你需要评价、关注、引领那种卓越的突破和创新。远远超出你正常运行值的绩效才是企业发展的根本动力。绩效管理就是要管理绩效，产生绩效，而不是单纯地去衡量已经做过的工作。

怎么做到呢？就是对取得超出考核预期绩效的组织、单元、团队和个人给予明确的激励。具体怎么做呢？对所有的指标也好，工作也好，事项也好，不管它是什么，如果你想评价它，那就遵循禁止做、必须做、鼓励做这样一个思路，对考评实施分类，分成执规考评、履职考评、超越考评三种，其中超越考评要放在最重要的位置。有关考评的资源，80% 以上的功夫、精力、激励要放在超越考评上，唯有超越考评才能够视为正绩效、给予正激励，如图 3-1 所示。超越考评就是对鼓励做的事项进行关注、衡量，这是确保绩效管理直指绩效的关键。

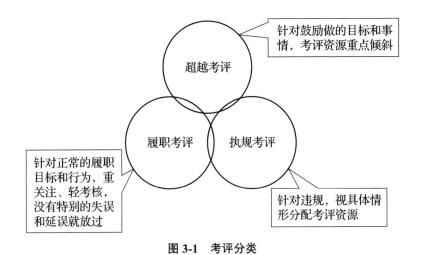

图 3-1 考评分类

二、"一分为三"的本质和优势

"一分为三"是将鼓励创新突破正式化、明确化。韦尔奇在退休演讲的建议里提到"变革不是坏事""有了变革，每一刻才有新的机会，变革不是危机，你们要跨越变革，让你的组织不至于在它面前陷入瘫痪"。想仅仅保证不出事、不流失、不变坏是幼稚的幻想，守成是不可能守得住的。有人说，我正常过日子不好吗？一般家庭或行政机构正常过日子可以，作为处于高度竞争环境的企业，在瞬息万变的环境中，一旦遇到风吹草动，客观条件就不会允许你安稳过日子，你要时刻面对挑战、面对折磨、面对危险，所以你必须不停地变革，才有可能生存下去。激励变革、保障变革的东西是什么呢？就是超越考评。这是"一分为三"结构的逻辑。只有当我们把考评的焦点和资源放在衡量改进、激励改进上时，人人才皆有改进和提升的可能性；各级主管才拥有执行和激励的工具，能够带领下属比较愉快、和谐地完成工作，让有改进的人不断得到认可，拥有连续的成就感，产生向更高标准努力的欲望。这样，所谓的人性化管理才可能实现，企业中那些看似不可逾越的矛盾才有可能被规避。

"一分为三"使"从优胜劣汰到优胜劣进"成为可能。与立足于评价过去、奖优罚劣和优胜劣汰的理念不同，"一分为三"立足于评价和激励改进，核心理念是促进各级组织和每个岗位自动自发地进行纵向的、有价值的改进。管理的理念和出发点是优胜劣进，既保护和激励强者，也保护和激励弱者，使人人都围绕有利于企业绩效的目标去寻找问题和改进问题，最终实现共赢。优胜劣汰则是以业绩和结果论英雄的文化和管理理念。"因岗设人"较之于"因人设岗"似乎更符合管理学的一般原则，但是真正有实践经验的管理者心里都清楚："因人设岗"有时不得不为之，某些情况下有意为之的"因人设岗"较之"因岗设人"会有意想不到的收获。现实中的组织不大可能严格按照理论教条来操作，社会中比较普遍地存在着"因人设岗"的现象。企业中不得已而为之的"因人设岗"往往成为管理的瓶颈，这时，基于岗位价值评估，针对没有必要设立的岗位或部门实施优胜劣汰在成熟组织中往往无法操作（如果能够顺利操作则另当别论）。优胜劣进的思维模式在这种情况下虽是一种被动的选择，但未见得不会有意想不到的收获。

若干年前我给一家企业作中层管理者岗位评估。岗位价值评估最高得分为756分，最低为241分。但是这两个岗位的岗位等级都是17级，而这个企业并不可能按照价值评估结果调整岗位等级，因为这个标准是上级按照惯例定的，得分低的岗位在整个集团中属于某一"系统"，等级由"系统"确定。如果这个单位负责人有所行动，那他针对的是整个"系统"，是在公开质疑这个"系统"的重要性，马上就会有人制止他。

其实"家家有本难念的经"，国外的著名企业中，特别是美国的三大汽车公司，普遍存在着经理比蓝领薪酬低而无法解决的历史问题。当年GE的活力曲线、海尔的赛马机制之所以出名，正说明做到的企业极其罕见。所以如果成熟企业有优胜劣汰的传统，那是一种不可多得的幸运；如果没有，也没必要刻意去期望，因为我们要做和能做的是优胜劣进而非优胜劣汰。

"一分为三"更有利于对准战略。所谓战略，一定是代表未来方向和要努力达成的目标，也就是还没有实现的，需要超越现状才有可能抵达。"一分为三"，将管理和激励的资源从管控和日复一日的日常事务中解脱出来，企业才能对准战略、聚焦在创造和突破上，才能更加有效地实现超越，战略目标才可以通过这个体系和平台得到有效的执行。它是日常管理的平台，在既有管理框架基础上，按照系统的思路全面梳理、整合，精简既有考评体系，以适应和改良组织氛围，平衡顺人性管理和逆人性考评，实现激发自主性、创造性和标准化建设需求的平衡；给各级主管激励下属、获得持续执行能力赋能，让他们拥有专属工具，在尊重既有习惯和基础的前提下，建立激励持续改进和提升的内在机制，使各级组织和员工不断超越，从而更加有利于企业达成战略目标。

三、"一分为三"的游戏规则

超越考评针对有特定含义和标准的改进或提升，这种改进或提升，在长期指标上具有战略支撑意义，在短期指标上，绩效明确可见。在成熟组织的管理中，宝贵的考评资源应该根据企业的特征而有所倾斜，甚至有所取舍，主要资源应聚焦在超越考评上。所谓聚焦在超越考评上主要包括两层含义：一是管理的时间和人力资源尽量向超越考评汇集，基于一般成熟组织在执规和履职方面的习惯，执规考评和履职考评起到威慑和保持作用即可；二是激励资源向超越考评倾斜，执规标准不占考评权重，只以违规记录减分，履职目标占 100% 权重，只按考评结果减分，而超越考评按照特定规则加分。

关于执规考评。 企业中的考评制度和考评行为，有相当一部分是针对合规和纪律的：员工行为规范、诚信、廉政、安全，以及守法、守纪等。严格意义上讲，这并非绩效管理所要重点解决的问题，却不能不重视，这是保障成熟组织正常运转的重要基础之一。很多成熟组织在这方面下了大功夫，并将其作为实现绩效区分的主要手段。执规考评在成熟组织中已普遍存在，并深刻地影响着企业和员工，只是这种影响是潜在的，在绩效管理变革中不必大肆声张，应该尽量沿用既有的制度、考评标准、考评形式和习惯，即原来是什么制度还是什么制度，原来是什么标准还是什么标准，原来由谁去考评现在仍由谁去考评。只有当行为规范、诚信、廉政、安全的某一方面出现问题时，或者守法、守纪情况出现规律性问题时，再按超越考评的原则，把该问题点变成超越考评的对象。执规考评针对遵守纪律或对成熟组织而言是最基础的绩效要求，不产生附加价值。因此，对执规考评的计分规则为不占总考评权重，而仅按照有关纪律和要求考评，不应以指标形式，一般可采用零容忍度清单（zero tolerance list）或行为观察法（BOS），由职能部门实施横向考评，每出现一次按标准减分。其逻辑很简单，就是列一堆不能做的事。比如，对于上班不能迟到，万达是这样规定的：上班迟到一次扣 100 元，迟到两次扣 200 元，迟到三次当月工资减半，迟到四次直接走人。迟到三次是从入职的那天到离职之间累积计算。

关于履职考评。对于成熟组织的每个部门和岗位，不论其在某个时点上是忙还是闲，基本的工作都是履职，是"在其位、谋其政"的正常行为。围绕部门职能和岗位职责的履职行为，应该应用"履职考评"。达到既定标准的履职即为组织或岗位胜任了其职责，因此，履职考评是针对组织和岗位的正常职责进行的考量。但是人们往往会被一些表象迷惑：一些部门或岗位正在忙着做大家公认重要、领导关注的工作，这些工作与企业的战略强相关；一些部门或岗位只是在忙琐碎的日常事务，那么是否这两类部门或岗位，需要采用不同的考评方式、不同的考评标准呢？我们不能因为某些部门或岗位在某些特定的时间内比其他部门或岗位忙，或者忙的事情相对重要，我们就认定这些部门或岗位特殊。当然，如果其重要性和特殊性具有规律，则它的价值应该在部门或岗位设置的时候，在等级或报酬体系中加以体现，而非在动态的管理和考评中加以区分，那样考评工作只会不胜其乱。正常情况下，成熟组织内各级机构和岗位均面临着繁重的事务，其中绝大部分是履职行为，过于细密、强调量化的考评显然是行不通的。

履职考评应该遵循"重关注、轻考评，没有特殊的失误和延误就放过"的原则。与执规考评一样，对于履职考评更多的是应该规定"出现问题如何处罚"，而非对结果进行奖励，这个考评体系在成熟组织内起到"法网恢恢，疏而不漏"的威慑作用，而不是真的要拿放大镜去观察每个部门和岗位的日常工作。履职考评以概括性标准为主，结合指标进行考评，可采用关键事件法等对概括性标准实施考评，每出现一次失误按标准减分，对于指标则按照规定的标准实施考评。成熟组织的履职考评一般可以采用横向考评和纵向考评相结合的方式，以客观标准为依据的客观评价一般横向实施，只涉及业绩；而其中的主观评价则采用上级对直接下级的纵向方式实施，同时涉及业绩、态度和能力等方面。

关于超越考评。设立执规考评和履职考评，本质上是对成熟组织考评体系的梳理和整合，并没有涉及衡量改进和激励改进的考评模块，直指绩效的目的还远未达到，所以重在第三个考评：超越考评。超越考评特别针对成熟组织的因循文化和机制、动辄得咎的安全文化等，针对有挑战性战略目标却无勇士揭榜的组织氛围。超越考评以特设项目为载体，符合两个基本条件的事项或指标，经过特定的认定程序则可以确定立项，完成则可以获得额外的考评得分。这两个基本条件是：有明显的、可衡量的改进或提升；该改进或提升具有明显的积极意义。

特设项目需要直接体现对组织战略目标的增值作用，或者直接体现对管理平台和外部环境的改进。通过围绕特设项目（可以根据它们的来源，称呼它为 KPI、OKR 或其他合适的名字）达成的承诺，员工与管理人员就可以进行工作期望、工作表现和未来发展等方面的沟通。可以设计指标作为基础数据，这些数据是客观的，不受事后的人为因素影响。通过这些基础性数据，绩效管理即可达成两个目的：一是绩效的改进；二是价值评价。面向绩效改进的考评重点是问题的解决及方法的改进，从而实现绩效的改进。这种面向绩效改进的考评通常不与薪酬直接挂钩，但能够为价值评价提供依据，其目的是获取绩效改进的方向和可能的提升程度。

在这种考评中，主管对员工的评价不仅反馈员工的工作表现，而且可以充分体现主管的管理艺术，因为主管的目标和员工的目标是一致的，且员工的成绩也是主管的成绩。这样，主管和员工的关系就比较融洽，在管理工作中主管更容易与员工进行沟通，并辅导和帮助下属，由此不断地记录员工的工作数据和事实依据。在第一步获取绩效信息的基础上，衡量改进和提升的目标完成情况，属于针对价值提升的考评，强调的重点是公正与公平，因为它和员工的利益直接挂钩，所以是激励性考评。关键绩效指标体系为价值评价系统提供客观、公正的数据，可最大限度地避免各级主管人为造成价值评价偏差，保证员工对立足于关键绩效指标而建立的价值评价系统的认同。

超越考评的目的是激励组织和员工主动追求超越标准。超越标准是指对被考评对象未作要求和期望，但是可以达到的绩效水平。超越标准并非每个被考评对象都能够达到，超越标准通常是没有天花板的。由于超越标准不是人人都能达到的，因此考评的结果可以对应激励性人事待遇，例如额外的奖金、分红、职位的晋升等。即便是一个非常普通的职位，例如文书、前台等等，也会有很多卓越表现的标准。通过设定超越标准，可以让任职者树立更高的努力目标。这些标准本身就代表着组织所鼓励的行为。组织会对做出这些行为的人给予相应的奖励。超越考评与履职考评、执规考评的对象并非一成不变，具备一定条件时可相互转换，履职内容中如果出现需要改进的环节和内容，可通过超越考评，纳入重点关注的范围，改进到位后，可还原为履职考评的范围。同理，执规考评中存在需要改进的部分，也可以纳入超越考评的范围，完善后，还原为执规考评。如果履职考评的对象高度标准化和程序化，亦可以直接转入执规考评的范围，从而持续简化考评，节约考评资源。

四、意外惊喜：绩效区分顽疾不治而愈

通常情况下，HR 部门会主管绩效管理，而强制对绩效结果进行区分，非得分出个一二三四来是最令人痛苦的，员工常常为了搞出那细微至 0.1 分的差距，上上下下互相折磨，HR 部门夹在中间尤其难受。而按照上面的结构走下来，问题就自然而然消失了，变成你想让两个单元或两个员工的绩效考核结果完全一样，都难以办到了，秘密在哪里呢？首先，不见得每个单元都能有特设项目或指标通过，有和没有、有一条还是两条（年度可以有几条），那区别可就大了。其次，每个特设项目或指标

的最高加分分值是开放式的，是委员会评议投票表决时即时生成的，你就是刻意想让两个分值一样都办不到，这又从源头保证了离散度，而项目或指标完成情况委员会再投一轮票，又一次增加了不确定性。最后，得出的数据是可以按科学合理的方式二次处理的，你可以将所有单元（单元内部则是所有团队或个人）的得分都减掉一个统一的分值，或者用方差来处理。比如：你给他们统一减掉 100 分，让软件设计师加上相应功能，把绩效评价结果的二次数据处理的可能方式都设计进去，然后每种结果都能直接用图形呈现出来，根据需要任意选择一种。绩效区分度的视觉冲击效果一目了然，HR 部门自然也就解脱了。

第四章

逻　辑

"一分为二"已经让人烦心，"一分为三"如何做到？关键在于破除执念、把握灰度，最大限度减少用于评价执规和履职绩效的时间和资源，聚焦于"创造绩效"。

认清事物的本质就是心法。我们首先要认识到，很多评价绩效的做法是多余的，让执规和履职绩效评价分流、最大限度减少它们占用一把手的精力，把握管理的灰度，选择最大限度地相信员工，然后才有可能关注、评价、专注于正绩效、超常绩效。没有这个基础和逻辑，"一分为三"同样是双刃剑、有杀伤力。所以整个操作过程要"四简一繁"：工具和过程"简"，执规和履职考评"简"，超越考评"繁"。

一、化繁为简：合而为一绩效卡

三类考评需要在两端，也就是在被考评的单元或个人和需要有整体掌握的绩效委员会或一把手面前整合为一览图或一览表（有条件、有冲动要搞全员绩效管理的组织，通常也不差这点资金开发一套这样的软件系统）。当然，在执规考评机构那里也可以只关注自己负责的那部分，比如：合规部和纪检室只关注与自己相关的那部分全体单元和个人的考评即可。我暂且沿袭过去给它定的名字：三维绩效卡。表4-1是这个绩效卡的示意表，它适用于业务单元或部门、职能管理或专业管理岗位、执行团队或班组的过程控制，也可以称为月（季）度考评卡。它自下而上分为执规考评、履职考评、超越考评三大部分，其中履职考评又分为综合考评和重点考评两部分，综合考评即对整体履职工作中业绩（工作数量和工作质量）、态度（积极性）、能力综合表现（协作性）的考评；重点考评即对纳入组织计划范围和视野的重点工作和任务完成情况的考评。

表 4-1 绩效卡示意表

类别			考评内容	考评标准	…
超越考评			特设项目 ×××× [设置理由][目标预期][工作思路]	按层级和程序确定	…
履职考评	重点考评		于 ×× 时间用 ×× 方法完成 ×× 任务，达成 ×× 标准	依既有细则标准	…
			同上	同上	…
			同上	同上	…
	综合考评	工作数量	全面完成本职工作，无积压	①②③④⑤	…
		工作质量	严谨细致，无差错、无纰漏	①②③④⑤	…
		积极性	工作不等不靠，不回避困难	①②③④⑤	…
		协作性	及时响应同事的合理配合要求	①②③④⑤	…
执规考评			合规、党纪、廉政等	按既有规定执行	…

绩效卡各部分考评的计分规则：执规考评只实行单项减分，即违反什么规定、达到什么程度，相应扣减多少分数；履职考评基本分为 100 分（按习惯即可，100 分是多数组织的习

惯）；综合考评和重点考评的权重，可以根据习惯确定，比如
5：5、4：6或者3：7均可。其中综合考评中的子项，被
评为"4"即满分，被评为"5"的，可以额外加一定分，如1
分（按习惯和可能性），同理被评为"3"、"2"或"1"的，可
以按照本企业的规律（等差、等比或其他）减分。重点考评按
照既有的考评办法、考评细则之类的标准实施单向的减分；超
越考评基于履行了特定程序的特设项目，这个项目可以是组织
业绩中的KPI或其支撑性的关键任务，也可以是自下而上的
OKR，或被认定是显著相关的绩效或对准战略的任务等。如果
这个特设项目被考评单元或个人承担，企业则应按设立时沟通
确定的标准和考评达成标准的情况加分，如没有则考评时不增
不减。

实践证明，绩效卡的应用能有效地提高效率，明显降低绩
效管理相关工作的负荷，实现过程控制和激励改进的结合，同
时不增加工作量：执规考评标准不变、流程不变，因此并不会
增加时间；相反，因为原来由许多部门牵头实施的横向的、零
散的考评，现在全部整合到绩效卡上来，提高了效率，从总体
上看，反而减少了考评时间。履职考评的重点考评部分，与执
规考评类似，并不增加管理成本；相反，实践证明，通过贯彻
"重关注、轻考评，没有明显的失误和延误就放过"的原则，在
月度的考评会上，不再有事没事地把所有计划过一遍，只关注
有问题的计划，从而释放出大量时间资源。

履职考评的综合考评部分，将增加有效的工作量。从对我亲自参与的实践情况统计和分析看，在一个上下级比较熟悉的团队内部，主管考评一个下属平均耗时在 2 分钟内，而用"关键事件"撰写报告，则不必计算时间成本，因为这是主管发自内心的、出于感激下属之情而写的，这种心理状态下，不存在负担的问题，也就可以不计算时间。超越考评需要相对多的时间，但超越考评的设置、执行、考评实质上是主管与下属就工作中的关键点反复沟通的过程，日常的工作中就已经存在，只是更加规范，增加的是用文字和表格形式呈现出来的工作，相对其他方面释放出来的考评资源，这部分增加的工作完全可以被抵消。如果再有一套逐渐完善的管理软件系统作为支撑，实际的情况是各级主管的工作将相对轻松，工作的重点将更加明确，员工的无效劳动和原来为应对考评而额外付出的努力也将因此而大大减少。

二、化繁为简：错道错时考评

三种四类考评错道错时而行。绩效卡可以灵活应用，绩效卡是由四部分组成的，其中的执规考评随时进行，重点考评一般以月度为周期实施，而超越考评和综合考评则可以根据企业管理的基础、主管和员工的素质、企业的忙闲程度等灵活设定考评周期，如月、双月、季度等，不必一概而论。同样的道理，大型组织中，具有横向考评职能的机构可能很多，业务上各个单元都有自上而下的考评，可以根据实际整体布局，需要或方便一起考评的单元一起考评，可以错开考评的单元尽量错开。

以上的绩效卡体系，在以年度为周期的结果控制上，也按同样的思路设计和应用，形成了控制执规、保障履职、激励改进的机制，同时确保绩效管理全面融入日常管理，最大限度地利用既有的管理资源，逐渐实现无声无息的变化。股东会或上级主管部门、董事会等相关方对企业业绩考评，以及集团企业对分公司、子公司的业绩考评也可以参照这样的方式。

三、化繁为简：执规考评动真格

绩效卡最底层的执规考评，将成熟组织已经非常丰富的与纪律和约束相关的考评集中在一起，原来有什么制度还是什么制度，原来有什么考评标准现在还是什么标准，原来是什么部门执考现在还由什么部门执考，只是理顺，没有增加和改变。通过执规考评，将日常管理过程控制在基本范围内，确保管理的底线。

杰克·韦尔奇有很多漂亮的头衔：全球最伟大的 CEO、最伟大的职业经理、最伟大的人事经理，但是他还有一个绰号叫"中子杰克"。这个绰号是以中子弹命名的，中子弹是一种核武器，能够在不破坏建筑物的前提下，把建筑物里面的人杀死。GE 的员工暗中称杰克·韦尔奇为"中子弹"，是指他虽然没把 GE 炸掉，但是把 GE 的人给"干掉"了。什么意思呢？因为他强力推动 10% 末位淘汰制。在任期间裁掉超过 1/7 的员工，从上任时的 35 万名员工，裁到不足 30 万人。华为有道德委员会，杰克有末位淘汰制，这是确保"一分为三"能够运转下去的基础，所以执规考评动真格是化繁为简的基础。

有效的执规考评能确保良性的企业文化。犯了事、违反企业的价值观底线、道德准则那就出局。比如：你如果敢贪污，报销的时候敢拿假票来，哪怕一元钱，也只有一种处罚方式：立即开除，哪怕你是总经理。只要有违道德底线立即一票否决，这叫有效的执规考评。塑造好的文化只是一方面，另一方面它是控制管理成本和确保一把手精力的密钥。只有这种有效的机制在运作，遇到这种事情干净利索摆平，不要让高层再分心——不再用开会讨论给谁什么样的处分，你才能有效地控制住管理成本，确保一把手有精力放在超越考评上去。我们现在执规考评有四种形态 N 种方式，感觉好像很严，确实很严，但是对某些事情来讲，我认为还值得商榷。对执规考评用关键事件一次解决要写进公司章程、写进劳动合同、写进项目合同等等。

四、化繁为简：履职考评重监控和整体

履职考评的重点考评部分是监控组织日常情况的主线，这个主线通常以重点工作计划的形式体现出来，对这个主线必须进行有效的监控，而监控的方式通常就是对重点工作计划的考评。重点工作计划往往是管理层在管理中的抓手和看板——管理者层级越高则越依赖计划和报表。如何设计重点考评？重点考评的对象完全可以平移重点工作计划，把重点工作计划原样搬过来，整合在绩效卡中，考评标准、考评方式、考评流程、责任部门和责任人也沿用组织既有的规定即可（当然，规定有明显漏洞的要补充）。

重点考评必须贯彻"重关注、轻考评，没有明显的失误和延误就放过"的原则，因为成熟组织在日常管理方面，即使是重点工作也已经熟门熟路，如果严密考评会把下属的注意力吸引到应对考评上来，往往是"不考评，指标和数据或许是真的，一考评则很快变成假的"。这是人的本性使然，真要全面查实，付出的管理成本将大到难以想象。而所谓"明显的失误和延误"，往往是不容掩饰和回避的，这个原则既实现了对重点履职的过程控制，也保证了管理成本最小化，从而腾出宝贵的考评资源。通过执规考评，促进员工态度、能力的改善，宏观上控制住千千万万的日常事务，同时，监控了重点工作计划，保证日常工作与战略目标的一致性。履职就是维持绩效居家过日子，履

职考评就是对日子的整体监控。大企业一开门，一天下去多少事情，千万不要把履职考评和大家干的事情都想弄明白。清官难断家务事，对所有的履职情况都想要搞清楚，弄那么多指标，是自寻烦恼，要把它交给长周期和结果，最终用结果说话，平时不要自寻烦恼，平时就是"重关注、轻考核，没有特别的失误和延误就放过"。

履职考评为什么要设计综合考评？综合考评其实是对组织运行和员工履职的最低成本的整体把握，一般应限定在团队或部门内部。对成熟组织的专业管理层和专业管理岗位，我们必须洞悉其本质：一是职能部门和管理岗位各司其职，很少有职责和业务相同的两个部门或岗位，一般组织几乎一人一岗，岗位之间的相对可比性很小，综合考评能使岗位之间具备可比性。二是职能管理工作繁杂而忙乱，按照某些理论，采用从关键职责领域或职责中提取关键业绩指标的方法，对指标按照 SMART 原则进行规范界定，看似合理，其实难以操作。因为职能管理的特点是：它是"不管部""打杂的"，不可能按照部门职能说明书或者工作说明书上写的那些条条框框去开展工作。因此，难以区分什么是关键。但考评是风向标，如果硬要从职责中提炼出"关键绩效指标或绩效领域"来考评，则"局部最优化"马上显现，整体绩效反而不彰。因此，对这类组织和岗位的考评必须以综合考评为基础。

如何设计综合考评？综合考评必须兼顾业绩、态度、能力，不可有所偏废，又不能严格区分为业绩、能力、态度量表或指标，否则考评成本将急剧增加。推荐的解决方式之一是依据表 4-1 中所列出的工作数量、工作质量、积极性和协作性进行区分。这是从一个上级的角度看过去，经过多年的验证，被实践所反复证明的、合理性和可操作性最强的形式。作为一个上级，设想你所满意的下级，"能够完成本职工作，没有积压，在正常情况下，不需要我插手，不需要别人援手""工作严谨细致，没有纰漏，不需要我在后面打补丁""能够自己去做职责范围内的事情，不需要我盯着他们""下级之间能够相互帮助，配合默契，不需要我协调"，他们的履职态度、能力和结果到位了，综合履职就过关了。

应该如何实施综合考评？让直接主管使用上述四个子项的量表去实施评价，在氛围正常的组织中，各级主管开始一般会选择"4"，但最终会全部选择"5"，这是人性决定的——考评者需要讨好下级，与下级和谐相处，出现这个结果没什么太大的疑问。问题是，如果出现这样的结果，考评除了浪费时间，没有任何意义。而如果简单粗暴地规定"强制分布"，则会引发更加复杂的政治游戏，浪费更多的时间和资源，造成更多的负面影响。因此，需要在技巧上进一步完善：当选择"5"这个选项时，考评系统会自动弹出一个菜单，提示考评者用"关键事件"简要说明为什么在这个考评周期内，这个部门或个人的这一项特别突出。实践证明这是个很有意义的技巧，它为解决管理双方的心理难题提供了支撑：一是给了双方台阶。我们必须清醒地认识到，白领是靠"面子"管理的，而不是简单的物质激励（大额另当别论），白领更看重一般的物质激励后面的"面子"。如果有了这样的制度规定，那么对于没有获得"5"的被考评者，他可以说"公司规定正常就是'4'，选'5'的话领导还要为我专门打报告"，从而为自己找到台阶、留住面子；而考评者也会说"伙计们，不是我不给大家选'5'，而是公司规定一般就是'4'，选'5'我还得另外打报告"，从而给自己一个台阶。二是给了主管激励工具。在成熟组织中，常见的情况是：直接主管（非业务部门）手中的激励资源匮乏，工资奖金往往由HR部门按照一定的方式直接计算到员工个人，直接主管缺乏激励手段。而这个小制度的设计，为他们提供了给予激励的可能。对于他们特别倚重、贡献相对大的人，直接主管就可以借助这个渠道进行激励了。

五、该繁就繁：超越考评不厌其烦

一把手和绩效委员会真正的时间、有价值的时间，应该放在创造新绩效的超越考评上。对于超越考评，从目标的提出开始，到设计，再到执行过程，最后到结果，一把手都要过问。作为被考评方，执规考评和履职考评的最高分是一般意义上的满分，要获得超越满分的考评结果，则要借助超越考评。超越考评的对象可以根据其来源，借用 KPI、OKR 这些词，或者干脆叫特设项目。其意义是：以是否有明显改进或提升，改进或提升是否对战略或战略保障有积极意义作为衡量标准。为确保项目质量，其确立要经过明确的流程，比如：提交项目需汇报"设置理由""目标预期""工作思路"，同时应该严格控制项目的数量以保障质量。

关于超越考评和特设项目在"工具"这章再详细展开。毛主席说过一句话：一上战场，兵法全都忘记了。用这句话来形容绩效管理最传神：一落实到企业日常经营管理活动中，哪有什么绩效考核、绩效管理的区别？而更悲惨的是：上了战场，兵法没忘，枪却不会放了，脑子里装满了绩效管理应该如何如何，实际的条件和文化氛围、管理惯性决定了做不到，而勉强去走完那个循环的形式才是最要命的事。要把管理这个事情本身的成本降下来，简化流程和制度只是治标，真正治本还是要靠文化。需要塑造诚信和戒惧文化，民主、人性和自治文化，倡导外向文化、去"宫廷"文化。严格执规动真格就是塑造诚信和戒惧文化；不要一个方案、一套指标、一竿子捅到底，给予基层适当的空间和自治权，指导和监督业务单元在整体框架下，通过民主方式确定更加符合实践和习惯的方案；为了健康和效率等因素采取绩效封顶措施，为照顾弱势群体，将内勤也纳入绩效评价体系，让弱势人群发挥作用，获得相应收益，为技能好、体能好的员工增加有效工作时间提供条件；通过鼓励人人都可、都应提出特别改进项目，让每个人找自己的改进提升方向，做大或独做蛋糕，避免以讨好上级、同僚内斗为特征的"宫廷"文化；等等。关于文化塑造，"氛围"这章会继续叙述。

第五章

工 具

基于持续改进和提升的卓越绩效理念有两种参考工具：丰田"问题所在即改进所在、绩效所在"激励持续改进的体系，六西格玛"激励持续系统提升绩效"的体系。

　　"一分为三"是否能够真正落地，很重要的是聚焦正绩效、聚焦明显看得见的绩效改进或提升，而这个东西不是随随便便能看见的。结构和逻辑确定后，如何能够有效地找到关键点并设定为特设项目，从而使绩效管理"直指绩效"、从根上避免其成为高成本内部政治游戏呢？焦点就在工具上。2005年起，我参考丰田生产方式和六西格玛理论，通过找到并确立改进或提升绩效的体系，并持续关注和激励，从而实现卓越绩效的理念，总结归纳了两种直指绩效改进和绩效提升的工具。当然，这两种工具肯定不见得适合所有的企业和组织，我只是期望它们起到一定的启发和示范作用。

一、在管理领域也要讲理论自信、讲定力

　　15年过去了，我认为自己改造和倡导的**绩效改进**和**绩效提升**这两套工具不仅没有过时，反而更加适合当今中国多数企业。不知道理论界注意到没有：随着美国制造业空心化和以硅谷为代表的高科技创新型企业兴起，以及资本市场的愈加膨胀和无所不能，美国的管理理论发生了显著变化，变得更加个性化、特质化，更加强调应对不确定性，更加注重领导力，而管理理论的研究好像有所松懈，特别是发源于美国并风靡世界的全面

质量管理、六西格玛等理论在美国反而逐渐落寞了。我认为，这是由美国的产业结构变化引起的，因为它们没有那么多实践的用户了，并不是那些理论有什么问题。我们要了解中国的企业数量是美国的多少倍，中国真正的高科技有多少，不能盲目跟风，要冷静客观自主地思考。

随着中美在管理领域学术交流更加深入广泛，美国的管理理论进入中国更加频繁和容易。从积极的方面说，这极大地开拓了我们的眼界，促进了有心人的思考，促进了中国管理理论的进步，特别是理论研究的方法论方面的进步；从消极的方面说，一些人还是比较普遍地存在崇洋的潜意识，特别是企业界，作为知识和理论接收的用户方，没有很清晰地意识到：知识服务也不过就是一种生意，很多机构是为了自己的生存和发展而倡导包装某些理论，这些理论需要甄别，要结合实际实事求是，很多理论可以启发我们，但是只能供我们参考而不能照搬。理论和工具的内化不是一朝一夕的事情，要引进、消化、吸收、创新、再造，要有定力，不能外国流行什么我们就追捧什么，外国不流行了我们就跟着换台。

二、借鉴丰田生产方式的绩效改进工具

借鉴丰田生产方式的思想精髓，将其用于绩效管理，既便于理解也相对容易实现，而且成本很低，这是一种以对组织

和人的评价激励为切入点，以清晰的激励机制为主导的管理方法。"以问题改进为核心定义特设改进项目""问题所在即项目所在"，以问题为导向设计项目，通过完成项目完善解决问题、改进绩效的机制，与丰田生产方式本质上异曲同工。丰田生产方式中针对"浪费"问题的解决，也可以理解为以问题为导向的管理方法，这种方法主要针对问题比较零散、缺乏规律性、具有偶发性的情况，对于我国拥有相对庞大总部和支撑机构的成熟企业，其**支持部门和职能部门的绩效目标和问题往往不具有规律性，因而更加适合采用这种工具**。令很多组织的领导者和管理者头疼的问题就是企业本部和机关单位的绩效问题，本部和机关职能部门的最大特点是一个部门一个样、一个岗位一个样，各有各的职责、各有各的标准，难以横向比较。而基于丰田生产方式的绩效改进工具，可以很有效地改善机关部门的绩效评价和绩效激励问题，那就是把"自下而上"自发地发现问题、定义问题、改进问题作为绩效管理的主线，而把遵章守纪、完成例行工作作为副线。

持续改进直至杜绝浪费一直是丰田公司最基本的思想。20世纪初代表着流水作业的大批量生产和大量销售的福特方式，是大工业时代的经典经营方式。而丰田汽车的创始人很早就认识到了其危险性，以准时和精确作为朴素的追求，以最大限度地减少浪费为手段，通过30多年的不断积累和改进，丰田生产方式取得了辉煌的成绩。"Lean Thinking"在国内多被翻译为"精益思想"或"精益管理"。"Lean"的本意为节俭、精简，从其思想的本质看，它并非"生产和管理要细而又细"，不是传说中的强调"细节决定成败"，相反，它认为没有明确目的地强调细节就是浪费，关注无效的细节或不恰当地提高标准，正是千方百计要革除的对象，它强调的是"简单且直接有效""生产和管理要准"。精益管理思想的发端并没有系统理论背景（主要是事后总结），只是东方文化节俭本性与现代社会化大生产需求结合，不断补充完善的产物。其内在逻辑很简单：只有"精确"才能杜绝浪费。例如："三及时原则"要求在流水线上组装汽车的过程中，能将零件在需要的时间内不多不少地送到，从而减少过量生产、过量原材料储存、等待时间过长等浪费。精益思想的内涵是有目的地"追求更加精确"，而非无端地要求"更加精细"。

在众多介绍丰田生产方式的书籍和资料中，可以看到对生产现场的描述十分详尽，如标准化作业、IE 手法、"5S"管理、看板管理、设备和走动路线布置、QC（质量小组）等。的确，外部观察者最先接触到的就是这些模式化的东西。但要全面认识丰田生产方式，还需要从精神和思想层面入手，再细化到具体的方法体系。任何具有生命力的辉煌思想均有特别的起点，丰田生产方式则肇始于两位关键人物。面对第二次世界大战之后的一片废墟，丰田创始人丰田喜一郎立下了超越欧美的决心，这个使命在丰田生产方式或者说精益思想中的重要性是无法替代的。丰田喜一郎朴素的准时思想、"现场、现物"主义和实践第一的思想、质实刚健的思想，以及在实践中对丰田生产方式不断总结改进的领袖人物大野耐一（《丰田生产方式》的作者，丰田株式会社副社长）决不妥协的执着精神、彻底的完美主义精神、不断创新的精神，为丰田 60 多年来的持续改进提供了不竭的源动力。显然，倘若忽略精神、忽略精神的传承和发扬，仅仅从技术和方法层面研究和模仿丰田生产方式是没有多少意义的。

有这样一个故事：在芝加哥，一天晚上下大雨，有辆汽车的雨刮器坏了，停在了路边，这时候走过来一个老人，他把雨刮器修好。车主问他是谁，他说，我是丰田汽车公司的工人，看到公司的产品损坏，我有责任把它修好。

在一以贯之的精神驱使下，按照准时制和杜绝浪费的基本构想，在实践中质实刚健地去落实和改进，从而形成方法体系，是丰田生产方式形成的基本脉络。准时制就是从原材料到零部件、从产品到销售店再到客户手中，均能按照意愿的时间和数量完成。彻底杜绝浪费就是杜绝生产过剩、等待、不必要的运输、过度加工、过量库存、不必要、次品等七种浪费，后来又增加了人力资源浪费。不难看出，丰田生产方式是围绕简单质朴的构想，从实际需要的角度逐渐产生和完善，并非因崇拜某种理论而去开展顶层设计或引进，是彻底的现场和销售需求引领下的小改进积累产生的，诸如 U 型生产线、试听（看板）管理、拉动补充、标准化作业、人机自动化、多工序同步操作、快速换模、追求可动率（TPM）、五个为什么追问真正原因、全面质量管理等具体方法的形成均源于此。

有效减少浪费，获得的是净增正绩效。丰田生产方式简单讲就是找八种浪费：不良品浪费、过生产浪费、过程浪费、动作浪费、库存浪费、移动浪费、不平衡浪费、管理浪费。丰田专门梳理定义出浪费，然后定出鼓励自下而上找浪费的机制，操作上就这么简单：任何人找出这个浪费点，找得出来大致方向也可，然后跟上级和同事共同分析锁定根因、讲清楚、提出改进建议，被批准了，实施成功，就会得到奖励。比如：原来丰田汽车后备箱的后盖板内侧是要进行机加工抛光的，有一个工人就提出质疑：这是不是浪费？有没有必要？后盖内侧既摸不着又看不见，用原装的钢板装不行吗？为什么要抛光呢？这道工序是否可以省掉？这个所谓的浪费点提交后经过审核被采纳了。每年数百万辆车减少了这道工序，所产生的效益是很可观的，是直接可视的"绩效改进"。

模仿丰田生产方式、专注于成系统引进所谓"丰田用得很好"的管理理论和技术不见得是明智的选择，引进什么、改进什么以及如何引进，要看自己的实际需求和现实情况。丰田生产方式虽然起源于车间一线，但是这种理念是可以推广到企业经营管理全领域、全过程的，经过梳理、完善，可以广泛适用于前、中、后台，经过改造后是一种发散的、强调"问题所在即改进点所在、绩效所在"的价值观和方法论。它能激励所有单元、所有人去找问题、解决问题，基本逻辑是：找出问题——上下沟通——设立改进项目——改进问题——获得绩效——获得加分。绩效改进工具本质上就是这样一种体系。丰田对于八种浪费有基于广泛实践的规律提炼，而我们不同的组织内部需要改进的问题同样也可以在实践的基础上，不断归纳、迭代陈述，从而让具体的组织拥有更高的绩效改进效率。

三、六西格玛理论可用于建设绩效提升工具

可视的持续系统提升，提升的都是正绩效。持续的绩效提升要相对复杂一些，要用到一些模型和体系，会增加管理成本，但都是值得的。六西格玛理论和相关技术常常被用作全面质量管理的重要基础，也是经典卓越绩效模式的系统化方法。韦尔奇去 GE 克劳顿管理学院讲课，很多课都讲如何实行六西格玛。我理解就是如何建立并实施持续的绩效提升体系，六西格玛是专属的工具。西格玛（Sigma）即希腊字母的译音，在统计学上指标准差，"六西格玛"即为"6 倍标准差"，在质量上表示每百万件产品的不良品率（PPM）少于 3.4 件。在整个产品流程中，六西格玛是指每百万个机会当中有多少缺陷或失误，这些缺陷或失误包括产品本身以及产品生产的流程、包装、运输、交货期、系统故障、不可抗力等。六西格玛管理要求企业在整

个流程中每百万个机会中的缺陷率少于4个。

其实，前面讲到的丰田生产方式中，定义浪费、找浪费只是其中一种方式，丰田也有设立、监测、激励持续系统绩效提升的体系，比如可动率（TPM）。可动率一般是指在工作时间内，设备应开动时间和实际开动时间的比值，其理想值是100%。简单讲：将实际值与理想值之间的差距不断缩小，作为绩效提升的持续目标，追踪数据、倒查根因、解决根因、使差距的缩小可视化就是要实现的正绩效。加拿大魁北克水电公司以全面质量管理作为平台推动绩效管理，它的自我评价使绩效管理效果非常之好，总结起来有多达40页的明显改进。例如：客户满意度由五年前的46%提高到五年后的81%，超过加拿大企业76%的平均值；平均停电时间由6.72小时降低到3.2小时；工伤由32.85次降低到12次。

六西格玛管理的一般步骤

六西格玛管理并不仅仅局限于产品质量管理，而是一整套系统的企业管理理论和实践方法。业界对六西格玛管理的实施方法还没有统一的标准。以摩托罗拉公司为例，通常采用七步骤法：

找问题。把要改善的问题找出来，当目标锁定后便召集有关员工成为改善的主力，同时选出领导作为改善责任人，然后制订时间表跟进。

研究现时生产方法。收集现时生产方法的相关数据，并作整理。

找出各种原因。组织有经验的员工，利用头脑风暴法、帕累托图和鱼骨图，找出每一个问题的可能原因。

计划及制定解决方法。组织有经验的员工和技术人才，通过各种检验方法，找出解决方法；方法设计完成后立即实行。

检查效果。通过数据收集分析，检查解决方法是否有效并预测达到什么效果。

有效方法制度化法。当方法证明有效后便制定为工作守则，要求员工遵守。

检讨成效并发展新目标。上一个问题解决后，总结其成效，并制定解决其他问题的方案。

六西格玛管理与丰田生产方式的区别

涉及面不同。丰田生产方式在企业的经营管理领域应用更广泛，对包括管理原则、实践、工具、技术等方面均深入地浸润。六西格玛管理则更为专注，多采用针对项目的评估方式介入企业的经营管理。丰田生产方式的精益专家、质量小组等是自发形成的专家和团队，分布更加广泛，而六西格玛管理的项目小组和专职人员均为专门配备和专业培训的结果。

切入点不同。丰田生产方式更专注于解决浪费；六西格玛管理以控制波动为切入点，针对任何"与标准或目标规格的偏差"，包括生产过程、服务过程、商务过程等。

领导介入的程度和方式不同。丰田生产方式和六西格玛管理的成功，均立足于企业领导的高度重视和深度介入，但两者介入的程度和方式是有区别的。丰田生产方式中领导的介入更加深入、全面，很大程度上，其成败取决于领导者个人的信念、能力和性格，其成功很大程度上是领导精神的成功。"以天下为己任"和员工的"以公司为家、全员参与"带有典型东方文明和儒家文化特征，是由"人治"为起点，以"人治＋法制"为方向。而六西格玛管理体系中，领导者的高度重视主要体现在专业的培训和资格认证以及明确的考评和激励晋升机制上，这种体系是靠规则来推动的体系。

四、借鉴六西格玛管理的绩效提升工具

美国质量协会（ASQ）的研究结论显示，六西格玛管理要求企业质量管理运作达到相当层次。假如一个产品的合格率只有85%就不必用六西格玛管理，此时可用比六西格玛管理更简单的办法将85%提高到95%即可。而寻找目标、建立数据模型和数据采集分析系统，持续分析并改善绩效这种完整体系的成本是非常高的。毋庸讳言，在相当长的时期内，多数企业并不具备全面应用六西格玛管理的条件，企业管理合适的就是好的，好高骛远、强行应用所谓的先进理论，多数情况下会得不偿失。我并不是倡导大家都来搞六西格玛管理，恰恰相反，我到过美

国两家搞六西格玛管理的企业，现场学习交流后，一是感觉自己没有真正搞懂；二是觉得如此严密的体系，最好不要在我们的企业认真搞。但是这并不妨碍我对于它的管理理念的认同，我们可以将其作为一种导入信念、习惯的方法，以绩效评价和激励变革为切入点，将其中的部分工具和方法，应用到确立的绩效提升项目中。通过这些方法找到和反映绩效提升的情况，在分析的基础上，提出持续提升的目标值，从而以相对简单直接、低成本、低要求的方式，为全面系统地应用六西格玛管理奠定基础。

借鉴六西格玛理论，将其作为绩效提升工具的一般做法是：确立绩效提升的特设项目制度，在对信息收集和分析的基础上，定义问题、测量问题、分析问题，建立持续提升的体系，改进问题、提升绩效、跟踪评估。我们通过一个简单的例子来说明：

〖特设项目〗降低客户等待时间

〖设置缘由〗客户等待时间偏差较大。高峰时段等待时间长。经上月抽样统计：高峰时段排队时间超过35分钟，客户抱怨多；前台员工工作负荷不均，高峰时段压力大，对技能的要求高，存在差错率提高的风险。

〖分析归因〗灵活性。经分析，首位原因是班次安排。按照人数平均排班，窗口岗位与职能部门一样实行正常的8小时工作制，工作忙闲不均，缺乏灵活性，没有考虑服务需求的波动性（见图 5-1）。

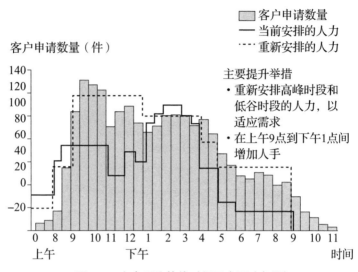

图 5-1　客户平均等待时间示意图（虚拟）

〖预期目标〗持续降低客户等待时间，半年内将平均等待时间降低到××分钟之内，最长等待时间控制在××分钟之内。

〖解决方案〗（1）加大网上申报App的宣传力度，丰富客户激励措施，引导客户通过网上申报；（2）调整工作班次安排，在上一阶段统计数据的基础上，按小时排列班次；（3）高峰时段增设临时窗口；（4）建立预警体系，安排后台人员作为后备服务梯队，当等候人数超过警戒线时后备梯队介入前台；（5）积累数据作为新年度申请增加自助服务设备的分析依据。

六西格玛管理对于绩效管理的其他方面也有借鉴意义，比如：培训和晋升激励机制可用于直线经理培训和绩效经理人制度。黑带的工作流程是 DMAIC：界定（define）、度量（measure）、分析（analyze）、改进（improve）和控制（control）。

界定：确认谁是顾客，顾客对产品的要求是什么，顾客的期望是什么，界定项目范围、起点和终点。

度量：确定缺陷和度量的类型，比较顾客调查结果从而发现不足。

分析：分析、收集数据并绘制流程图，确定造成缺陷的根本原因。

改进：通过设计处理和预防问题的创新解决方案改进过程。

控制：控制改进，保持新的水准，预防重走"老路"。

黑带的培训目的、方式及其工作机制，以及以黑带为核心和基础的内部职业通道设计，均可以作为绩效管理中直线经理培训以及绩效经理人制度的范本，也基本上可以低成本应用于当前中国的成熟企业。

持续系统的绩效提升可以大量应用在企业管理中。企业应针对不同的业务和职能模块，不断探索和积累，并与以问题为导向的绩效改进体系相结合，所确立的指标要能够做到"牵一发动全身"，通过一条指标、一个项目带动整个工作绩效的持续提升。持续系统提升绩效的关键在于选择差距大、波动大、影响大、损失大的领域，从中提炼出项目的标志性指标，围绕指标的持续完成，从而达成绩效提升目标。另外，通过直接性任务、指标分解、职能挖潜，均可以得到持续系统提升绩效的项目。例如，分解公司主要经济技术指标，找出其中可控的、具有挑战性的、有价值的改进。同样，分解部门承担的指标和任务，也可得出岗位的特设项目或指标，只要不是要求必须为100%或0的指标，都有改进的空间。例如，财务部目前没有进行季度财务报表的分析，这实际是工作缺失，则上季度财务报表的分析就可作为主管会计岗位的月度改进项（高质量的财务报表分析是比较复杂的、有价值的工作），直至该项工作常规化为止。

五、两种绩效工具的基本游戏规则

上述两种工具的应用，就是围绕超越考评设立、改进和提升的特设项目。特设项目在层级上分层，从业务和职能单元到个人都可以设立。设立的程序可以自上而下（如特设KPI），也可以自下而上（如OKR），追踪和评价的周期为年、季、月、周、日或跨年皆可，大型的叫"项目"，岗位和个人的叫"改进项"，都需与日常工作紧密结合，比如，QC就需按照新的标准和叙事方式确定为项或项目，一定不能搞成"两张皮"。

既然是项目，就要履行项目管理的一定程序。确立特设项目，最基本的需要陈述设置理由、预期目标、工作思路，其本质是通过简明扼要的陈述，说服决策者认同自己所选择的改进或系统提升点的重要性，认同改进和提升的预期目标，并通过工作思路的陈述进一步论证自己实现改进和提升目标的能力及可行性。在进行设立陈述时，要把握一定技巧，注意从以下几个方面着手：

- 现状分析（注意用数据和事实说话）。
- 主要改进点（经分析找出的薄弱环节）。
- 工作难点分析（工作中可能遇到的主要阻力、难点）。
- 改进必要性（主要阐述不改进可能导致的后果）。
- 改进价值（从形象、经济、安全、效率方面描述）。

阐述预期目标应注意：目标有数值的，要明确数值；没有数值的，要描述至可衡量的程度。

阐述工作思路应注意：与主要问题、薄弱环节、难点相呼应。

对于特别重要的特设项目及其标准的设计，需要通过会议的形式集体评估，如组织氛围不足以支持评价者畅所欲言或公开评价者的态度，也可以通过一定的评价程序，通过"是否有明显的改进和提升"和"改进和提升是否具有公认的价值"两个标准衡量，进行"按表决器"评价。

敲黑板："按表决器"是我的独家发明，通过软件很容易设置，从而在源头确保公平、公正、公开、透明，杜绝后面为了细微的绩效得分而争执，既解放了职能部门，也防止职能部门和相关人员拥有不可见的自由裁量权。通过特定的会议室布置实现集体评价，也可以设立"去掉一个最低分、去掉一个最高分"之类的小伎俩。

申报的项目或指标，如果最终得分低于一定分值，比如3分，则该项目暂时不能被认定。按照以下特设项目评分矩阵图和评价等级标准进行打分，如图5-2和表5-1所示，评委对申请的每个项目按两次键，结果就立即呈现在屏幕上并记录到系统中。这些标准都是设计在软件程序中的，评委只负责按键即可，主任委员可以拥有一票否决权。

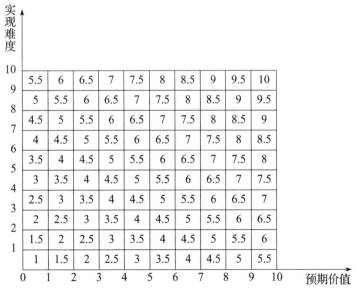

图 5-2 特设项目评分矩阵示意图

表 5-1　实现难度与改进价值的评价等级标准

等级	实现难度	改进价值	分值
1	工作非常系统和复杂，影响因素很多且很难控制，没有参照经验，计划弹性较大，需动用企业高层资源协调企业内外部关系	明显降低企业经营或安全风险，经济效益和工作效率有显著提高，组织氛围和企业形象有显著改善，管理水平和员工素质明显提升	9
2	工作比较系统和复杂，影响因素较多且较难控制，参照经验较少，计划弹性不大，需动用企业中层资源协调企业内部关系	间接帮助企业降低经营或安全风险，经济效益和工作效率有较大提高，组织氛围和企业形象改善较多，管理水平和员工素质改进很大	7
3	工作的系统性和复杂性一般，影响因素不多且可控，参照经验较多，计划有一定刚性，需动用部门资源协调企业内部关系	可以降低企业经营或安全风险，经济效益和工作效率有一定提高，组织氛围和企业形象有一定改善，管理水平和员工素质改进较大	5
4	工作的系统性和复杂性较低，影响因素很少且易控，参照经验很多，计划刚性大，需动用部门资源协调部门内部关系	对降低企业经营或安全风险意义不明显，经济效益和工作效率提升不明显，组织氛围和企业形象改善程度一般，管理水平和员工素质改进程度一般	3
5	工作的系统性和复杂性很低，影响因素极少且易控，参照经验非常多，计划刚性很大，需动用岗位资源协调部门内部关系	对降低企业经营或安全风险没有作用，经济效益和工作效率提高不多，组织氛围和企业形象改善程度有限，管理水平和员工素质改进很少	1

以特设项目为载体的超越考评，在特设项目的设计上还应遵循以下原则：

是否可控原则。应考虑岗位的任职者是否能控制该指标的结果，如果任职者不能控制，则该项目就不能作为衡量任职者业绩的标准。例如，跨部门的指标就不是普通员工所应背负的，而应由本部门主管或更高层主管背负。

直接取得的原则。 按照"要什么考什么""缺什么考什么"的思路直奔目标，不必应用太多的工具和理论。

精练有效的原则。 年度过程中，特设项目可以没有，有的话，每个周期不宜超过一条。年度或跨年度，以不超过五条为宜。

自上而下安排为辅，自下而上申报为主的原则。 过程控制中的特设项目须坚持自下而上、自主申报；公司和部门年度特设项目应由各单元、部门按照既定格式和要求书面申报，集中向委员会陈述，评估后报经理层乃至董事会批准。

需要指出的是，这个游戏规则的繁简程度需要根据组织实际情况而定。近年来 OKR 目标和主要结果大热，其中的重要原因之一是它们让人觉得简单，但是真实情况如何，是否真的简单，其实也跟使用的企业有关。传统科层制的企业，如果真要用起来，我看不会比 KPI 简单，甚至有在 KPI 之上加码的可能。所以繁和简也需要领导者用心体会，不可完全交给职能部门去设计，因为职能部门的本能就是用烦琐打造安全网，确保自己不被考核和问责。

第六章

量　化

我们是不是太痴迷于指标而忘记了目标？太醉心于量化而忽略了现实？我们是否已经陷入了指标和量化之灾？其实真正的决策多依据定性评价和综合研判，而非指标和量化评价。

搞绩效管理绕不开量化管理原则：不可量化就无法衡量，"不能衡量它，就不要管理它"。谈到指标，一般都会要求遵循SMART原则，即具体的、可衡量的、可实现的、有时间限制的、紧密相关的。但是现实中，指标貌似是绩效管理绕不过去的关键和重点，之所以要用指标，还是为了要使目标清晰和便于计量，清晰和计量的基础是量化。实践中绩效管理成本飙升、操作中的多数问题和纠结都与量化有关。一是将目标"量化"的成本太大，二是往往可以量化的都是次重要的，而很多十分重要的元素反而真的不好量化，要费九牛二虎之力转换变通。我给本章起名"量化"，其实后面应该加个问号。本章的核心意思并不是反对指标量化，而是讲为了量化而量化既不可能也无必要，目的是提醒读者重新审视SMART原则。首先，需要量化管理的只是关键业绩，不是多数，更不是全部；其次，指标能够量化多少，取决于组织的模式和真正用心的人有多少，也就是企业主人翁的密度大小。

一、真正的决策多依据定性评价

管理学家和专业人士对于量化有一种偏好，认为量化产生科学，量化考评就是科学的考评、公平的考评。作为组织的主要领导者，我们要清楚：执着于量化的是我们的职能部门和专业机构，这是它们存在的基础和价值，是它们那个层面的工作和决策原则，但是这不应该是我们这个层面的准则，只可以是工具、盾牌、借口。我们可以而且应该一本正经地要求它们量化，但是我们自己应该明白：这种要求是有"程序后门"的。量化考评是最合理的考评吗？不是。企业的考评最终都是由定性考评决定的，如果不信，你就去梳理，看能不能找到一个真正好的大型组织，是完全按定量考评结果作决策的。

所有的考评，仔细想想，即使一个企业以利润作为考评指标，最终还得要上会、要平衡，最终拍板的是定性考评。定性考评不可忽略、不可回避，企业里真正的高层作决策，多数是基于综合评判、定性评价，真正按照数据刚性决策的情况非常罕见，而绝大多数正常企业上会前是会沟通的，靠举手表决、票数决策，会前心里没底、会上拼刺刀的情况极其罕见。人是最复杂和多样的，每一个人都有自己的特点，商业环境也同样是极其复杂和多变的，管理一家企业或者一个团队，就是要让一群极其复杂多样的人，去面对极其复杂多变的环境，并最大化地产出业务结果。要想达到这个结果，就必须因地制宜、因人而异地去分析判断，作出相应的决策。如果采取一刀切的管理方法，最终结果可能不但达不到期望，反而降低组织的绩效和能力。

有位朋友说，不要试图把公司治理打造成像管理机器一样，对人的管理一定需要各级经理的主观判断，而这是管理中"艺术"的部分。更加需要强调的是，"艺术"的部分往往是为企业带来竞争优势的关键，因为它代表的是经理的领导能力，而经理领导能力的整体水平又是组织能力最重要的组成部分。技术的部分是很容易被复制和拷贝的，但艺术的部分是永远不可能被抄袭复制的。我觉得他说的很在理。考评体系必须是"客观评价客观"和"主观评价客观"的结合，管理永远离不开适度的"人治"。管理者作出判断，依赖于正式的分析和建立在经验基础上的直觉，相对稳定有序的分析一般来说会使判断更加准确，但这种分析成本高、时间长，只能顾及有限的主要因素，令管理者感到压力，随即导致有交给参谋人员代劳的倾向，而这种倾向已经逐渐变成普遍的现实。考评的职能化、形式化已经是考评效果存在争议的一个重要原因。凭直觉判断，具有简便性、创造性、瞬间涵盖复杂因素的优势，在机器完全取代人的劳动之前，在组织面对的复杂因素日益增加的当今社会，管理者直觉的意义高于正式的分析，管理者的直觉是组织最宝贵的资源之一。因此绩效管理的正式评价体系中，必须为凭直觉评价留有足够的制度空间，最好建立"综合研判"机制，对于复杂的重要问题，留给多角度、多维度的定性分析评判，不要急于下最后的结论。

二、量化的重要性更多在于管理过程

我说前面这段话的意思，并不是否定量化的意义，相反量化评价非常有意义：人类对自然界认识的深化，商业和贸易的发展，就是量化评价不断细化、不同评价体系量化深入发展的结果：时间、长度、重量、温度、体积、货币等等。正如迪恩·R.斯彼德所说的，事实上所有的科学和工业进步都依赖于考评和越来越多且日益复杂的考评工具的不断发展和精确，如望远镜、显微镜、X光、原子钟等。随着商业和贸易的飞速发展，信息技术的广泛深入应用，我们的生活已经被量化考评所包围，在工作之外，我们每天花费大量时间实施量化评估：时间（从早上被闹钟唤醒开始），食物（口味、营养），天气（温度、降水、风速），金融（工资、股票、保险、油价、房价），教育（分数、学校、排名）等。量化评估存在于我们每个社会人的生活中，只是我们没有把它称为考评而已。

量化考评具有激励和约束作用。考评能够激励人们努力，任何正式的体育比赛，除了对成功者的激励外，其对速度、技巧、重量等的量化本身，对其他人也同样具有激励作用。组织的管理也同样存在这样的规律，例如：工程中的里程碑时间能激励我们朝目标前进。而无时间限制的工作，哪怕是一次会面，也常常会被一推再推。设定量化的考评目标，可以帮助我们树立一个方向，从而激励自己。考评的激励功能还来自完成目标后的成就感；清晰的考评提高了管理者和员工相互的期望；考评是员工行为的指挥棒，越清晰的考评越能提升其能力；量化考评还有助于预测和预警；等等。关于一般性的目标如何层层分解、如何按照 SMART 原则去量化，各种资料和书籍已经汗牛充栋，随手就能找到，我就不在这里搬砖了。下一章"客户"将对上一章的"持续提升绩效工具"展开讲一下，主要关于如何把看似难以量化的绩效目标转换为量化的绩效指标的小技巧，如何建立可衡量的持续系统的绩效提升指标等。

上面两段话总结起来其实就是：不要执迷于量化，非必要不量化、有必要才量化，决策未必靠量化、过程提升要量化。

对标要对本质，多数竞赛和排名激发的是负绩效。寻找量化目标的重要手段除了分解，大概就是对标和排名了，而在实践中对标和排名引发的问题更为严重。如果说执迷于指标和量化是文化中的消极因素在特殊阶段的集合，那么把粗暴对标、简单排名、竞赛当作绩效管理的重要手段，则是企业和组织在这个消极集合之上又往前迈出的更加非理性的一步。

首先，还是那个基本的问题：面对复杂的社会、复杂的实际情况、复杂的劳动，表象的指标并不能代表内在的关键，同样的指标和指标值，反映在内里可能完全不同。这个问题的根本在于对标者的主观用意：是不是把组织目标当成自己心中的目标，这取决于其对组织的情感和认同，而这个问题就是目标管理理论的终极问题，也是以戴明为代表的质量管理学派抨击德鲁克的根本理由。问题的原因有两个方面：一是事实上极难落实；二是即便对标者与组织的目标一致，而客观上有没有能力、有没有可能找到同样指标背后的根本原因，按照根因设计指标和目标值，也是个天大的问号！我见识到的实践比较悲观，主观和客观两个方面都悲观，为了量化而量化，将对标技术简单粗暴地应用于绩效管理而诱发极致浪费和欺骗，对组织文化造成深层次恶劣影响的例子数不胜数。而如果真是能够解决主客观两个方面问题的企业，实际上就可以直接运用 OKR 方法了。所以，运用对标管理寻找指标和量化目标不是不可以，但一定要慎始，不能把任务直接层层安排下去，因为大概率的情况是：下面在主观意愿和客观能力上，都不见得能找到根因，特别是上面把指标甚至指标体系都定好了然后又搞排名的情况，收获的只能是超级负绩效，越认真越糟糕。可行的方法是把对标作为一种寻找绩效改进点的手段，而不与绩效激励直接挂钩，起码在主观意愿上，让组织和员工一致起来，让它仅仅作为员工提升绩效的过程性手段。

其次，为了获得量化的指标和目标，人为地制造竞赛和引用各类排名，以竞赛和排名作为绩效目标，并基于其实施绩效激励，所产生的多数是负绩效。人为搞出很多竞争，实施众多的排名是内卷的表现，造成以"量"代替"质"、用"虚伪"驱逐"实在"的导向，必然造成思想和文化的倒退。竞赛制造热热闹闹的假象，不仅直接浪费了资源，更恶化了组织文化、社会环境，让人迷失、迷醉于不产生绩效的低质量氛围，诱导人们谙习"虚伪"、远离"实在"，一窝蜂靠"表态"，从而制造不当收益，给精致利己主义者提供无限的空间。让很多优秀的年轻人丧失了正确认识社会的机会，把学校里养成的分数和排名决定一切的价值观无限延续，有百害而无一益。所以，起码在企业这种组织类型中，我们要清醒地认识到，以竞赛、得奖、排名等作为绩效激励要素将直接导致负绩效，即便是暂时产生一定作用，从组织文化和可持续发展、长期绩效的角度，一定也是负绩效。近年来高校里评价青年教师，将"发论文""唯论文"发展到极致，作为"非升即走"的决定性标准，这势必严重影响学校的根基和长远发展。我看到有位大学的学院院长说过这样一段话："近年盛行的数字化考评、高校排名，让学校各级组织像疯了一样抓项目、课题、报奖、报点、基地之类……搅得放不下一张安静的书桌。"可见这类问题带有普遍性。我在《水平：悟水浒中的领导力》一书中陈述过这个观点：靠衡量形式上、表面上、简单数量上的名次，激发员工低级、原始的竞争欲望，唤醒人性之恶来驱动人，从而取得组织绩效，与靠污

染环境、超级排放获得 GDP 一样，是得不偿失的。既然我们
倡导"绿水青山就是金山银山"的理念，那么在管理上我们就
应该认识到，靠制造竞赛、排名来刺激短期绩效是得不偿失的，
尤其是直接拿外部的竞赛和排名作为企业内部的绩效激励因素
是更加可笑和低级的行为。当然，如果确实有价值，这些东西
可以作为绩效体系之外的特殊安排，比如安排得奖者跟领导一
起共进工作餐之类，切不可简单纳入量化目标，否则终将收获
恶果。

三、用更多的"描述目标至可衡量"+"达成共识"

不同评价手段对量化的依赖程度不同。我把评价手段细分
为"考""核""评""议""估"五种，"考"和"核"的对象需
要量化，"评""议""估"的所谓量化，最多是定性目标或指标
定量化，也就是给定性量表打分，最后的得分实现了量化，其
实标准还是定性的，即便指标不标准也不需要强求标准化。
"评""议""估"对目标或指标的量化程度比较小，但是需要另
外两个必要条件："描述目标至可衡量"与"达成共识"，由于
企业管理内容的丰富性和复杂性，对不能低成本地应用量化指
标来覆盖的关键绩效目标，应该更多地用定性评价定量化的方
式解决。

某公司因一项工程项目存在问题被举报，省审计厅组织审

计组进驻该公司，审计时间已经超过三个月。此次审计占用了公司领导和有关部门的大量精力，如果再牵扯其他问题，将严重影响企业的正常运行。公司期望能够尽早结束审计，并得出相对有利的审计结论。为此，该公司绩效委员会设立了一个特设项目，并按照"描述目标至可衡量"的标准，由公司副总经理牵头，相关部门承担责任，并就目标的标准达成了共识，如表6-1所示。

表6-1 特设项目（考评标准）示例

项目名称	目标	考评标准
尽快结束省审计厅对××项目的审计事项	审计组尽早撤离并给出能够接受的审计结论	审计组20日内结束任务正式撤离 +2分
		审计组30日内仍未正式结束并撤离 -2分
		审计结论不影响公司资质和声誉（含见报）+2分
		审计结论影响公司资质和声誉 -2分
		处罚不超过150万元（经内部评估的低限）+2分
		处罚超过3 000万元 -2分
		没有人被追究刑事责任 +2分
		有人被追究刑事责任 -2分

这类方式更适用于部门和团队内部的员工绩效管理，在部门和团队内部应用有时会产生显著效果，而且避免复杂的指标官司，这其实就是传说中的"实事求是"。例如：

某公司因特殊历史原因，安排某司机在安保部任车辆安保工程师。但他因年龄偏大、文化程度偏低，并不适应管理工作，而他从服务岗位转到管理岗位，岗位等级有了明显提高，但工作任务不饱满，是典型的因人设岗。因为某种原因，现任领导无法取消这个岗位，员工私底下对他有意见，该工程师本人心里也不舒服。实施绩效管理后，通过沟通设立特设改进项，该员工不断发掘新的、有意义的工作内容并逐渐固化为职责，对公司数百辆私家车（公车有物业公司专人管理）的安保进行管理，半年时间他连续完成了几项特设项（私家车梳理登记、安全展览、驾驶员手册、集中保险、自驾车协会），最大限度地减少了公司员工私家车方面的潜在安全问题，显著提高了公司安全绩效，在公司保障员工人身安全、提高公司社会影响、减少公司经济损失、优化公司组织和文化氛围等方面发挥了意想不到的作用。同时，激发了该司机的个人潜能（使用电脑及办公软件、举办展览、组织协会的活动、编写驾驶员手册和区域维修加油指南等），获得了持续的绩效改进和相应激励，增强了他的自信心并提高了生活质量，同时改变了同事对他的看法，让大家认可了他的工作性质和价值。

绩效管理不能理想主义、一刀切，一定要尊重历史、尊重事实，而"描述目标至可衡量"和"达成共识"相结合，就是处理各类特殊情况的有效法宝。有一年我去澳大利亚学习对标，对方公司讲他们如何人性化裁员，如何为被裁人员保留办公室、允许他们经常来公司等等，这些都是令他们非常头疼的事情。我当时给他们讲了我的实践案例，令他们佩服不已：

某公司有一批退居"二线"的领导人员，适当降低待遇后内部安置。但在管理中这始终是一个令人头疼的问题：如果集中管理，这些人就会成为"议员"，把领导们议论得心惊胆战；如果分部门管理，则对那些部门的主管造成压力；如果不要求他们上班，则对工人的心理造成巨大冲击（工人会说："就因为当过中层管理者，50来岁就可以享清福，我们工人要干到60岁，还要整天考评，太不合理了！"）。实施绩效管理后，我建议将这部分人分为技术、管理、公共关系等三类顾问，引导他们各自去寻找特设项目，不仅有效解决了矛盾，还极大地激发了这些员工的工作激情和潜在能量，大大提升了企业绩效，解决了大量棘手问题。

需要指出的是，上述操作绝对不要去钻研"描述目标至可衡量"的技术和技巧，即便是有那种技巧也不必要太上心，在应用过程中逐步去领悟、去提升就行了。我们现在有一个非常不好的趋势，就是越来越迷信规划和制度了！因为有上述的成功，我带领团队制定了一个关于如何"描述目标至可衡量"的操作手册，结果有手册之后的效果远远不如没有手册，因为人们的面对面沟通少了，都期望按手册条款制度性地就事论事、按章办事，并且倾向于不断升级手册，让它涵盖所有事情，从而彻底不用麻烦到别人。其实我们要重视的是"达成共识"，这是绩效管理或者说一切与人相关的管理中的上层心法，作为一把手要切实认识到：管理是否成功、是否有效，最终起作用的是人性和尊重，而不是什么技巧和技术。不要让职能部门的技术官僚们把你带偏。

四、多发现"对的"并"用对"低成本量化指标

量化指标其实有两类，一类叫低成本量化指标，一类叫高成本量化指标。所谓低成本量化指标，应符合三个标准：第一就是直观好找，不用费劲去分析论证，一眼就能知道它与企业经营目标和战略的关系。第二就是边界清晰，跟其他指标没有互为因果、相互嵌套等理不清的关系，计算起来很容易。第三就是职责清晰，责任易于划分。比如说某些管理基础良好、有集中的财务核算中心的公司下属的利润单元的利润指标，如果直接用利润考评，设定利润额或利润率为 KPI 指标，那就是"对的"低成本指标。是不是凡是业务或利润单元，利润都是"对的"低成本指标呢？那可不一定。搞过财务的人都知道，这里面门道可多了，除非有良好的集团管控和监控体系为基础，或者有足够长的考核或监控周期机制作保障，否则，在应收和应付两个方向稍微做点动作，那个考评就失去其本来意义了。很多单元其实真的非常难找到"对的"低成本量化指标，如果实在没有，我的建议就是不设量化指标，退而求其次改用适合的"评""议""估"的定性评价，然后再进行"定性评价定量化"的转化，关于如何进行"定性评价定量化"，读者可以在下一章

的相关叙说中通过举一反三悟出来。

那么什么是"用对"低成本量化指标呢？还是说上面的利润指标，在这个利润指标下设两种选择。一种是密切关注并时常干涉它的经营管理，这通常是不好的做法。另一种是在赋予 KPI 时，按照第四章"逻辑"所说的程序和标准，陈述工作思路，委员会在听取时给予必要指导，认可并达成共识后，今后在这个考核周期中，尽量少去干预该单元的具体经营管理过程。该单元因为有了这个指标就有了压力和动力，同时有了实现这个指标的运作空间、管理空间、改进空间，主要靠它带领自己的单元去完成、把它实现，这叫"用对"低成本量化指标。

与"对的"低成本量化指标相对应的自然是"对的"高成本量化指标了，就是第五章"工具"讲的持续提升绩效工具体系，比如：按照六西格玛理论找到绩效关键点，建立体系，然后一直量化找偏差、锁定偏差根因，把根因作为 OKR 或 KPI，盯死它持续改，把这种偏差一直降到想要达到的程度，这是"用对"高成本的量化指标，是造就卓越产品或服务品质的无上心法，当然，成本很高。可以通过读下一章"客户"悟出来并举一反三到各个领域即可。

五、在实践中摸索积淀"用对"低成本量化指标的技巧

获得低成本量化指标归根到底要靠造就和维持一个持续改

进的绩效管理机制，靠每个企业在实践中逐渐摸索积淀，很难求诸书本和外部专家，更不能靠上级布置。那年我在北美调研，看到加拿大魁北克水电公司经过十几年的绩效管理，各项指标的提升已经趋近极限，例如安全指标，其"安全事故"的发生次数已经保持零记录很长时间，用次数去考评和引领绩效提升的作用已经不明显。他们的处理方式是将各类事故、障碍等全部折算为"小时"，将指标的衡量标准从"次数"换算为"小时"。比如从最严重的人身死亡事故，每死亡1人，折算为"12万小时"（按平均工龄推算），到普通的障碍折算为6小时（恢复和维修的平均时间），经过转换，获得了"不安全小时数"这个衡量安全的低成本量化新指标。这个新指标一设立就为绩效提升找到了新的目标和空间。

在指标设计中，指标目标和考评标准的设计，往往需要上下沟通来确定。现实中，这是个上下博弈的过程。某些情况下，确定的标准体现的并非客观的可达到的目标标准，而是谈判能力和公共关系能力。尤其是集团对下属公司的年度绩效目标的确定，这个问题表现得更加明显。解决这个问题可以通过设置对冲指标的方法，变上下博弈为下属的自我博弈。

某公司的客户中心电话系统中有一个模块，可以自动收集"客户等待时间"（铃响后多长时间电话被接起）这个服务满意度指标从而提升绩效。一段时间后，公司发现了一个现象："客户等待时间"这个指标完成得越来越出色，但客户投诉却多了起来。经过调查，问题清楚了：为了达到绩效目标，电话一响，员工马上就接起，匆匆应付几句就挂掉电话，实际上没有解决客户的问题。于是公司调整了指标，在上一个指标之外，增加一个对冲性的履职指标——"再次致电频率"，考核同一个电话打进来的次数，从根本上解决了这个问题。

另外，其实指标有明有暗，不是所有指标都是用来考的，如果有兴趣、有能力，也可以悄悄设立一套监控指标，比如"克强指数"，我觉得它就是一套暗的指标体系，只不过它现在被人知道了。我这些年在思考，如果是企业运营的话，一把手应该有这样一套并不付诸考核的指标，用来辅助决策。

第七章

客 户

不要苛责职能部门教条，按制度和数据办事是他们的本分，让谁去做都只能那样。解决之道在客户，客户虽不是唯一评价者但一定要有发言权，每个单元和员工都要有客户。

客户意味着什么？企业的客户就是企业的方向、就是战略的目标，而单元和员工明确客户就是对准战略，就是绩效管理的立足点。从全局说，客户的评价最客观、最公平，是企业的也是各单元和员工的工作方向。绩效管理既不能事事靠绩效办，更不能事事靠领导。靠绩效办等于职能部门说了算，是有大问题的，领导说了算也有问题。唯有客户代表方向、效率、合理，代表传说中的公平。但我们又不能苛责职能部门僵化教条，按制度和数据办事是他们的本分，解决之道在找到客户，让客户参与绩效管理。客户虽不是唯一评价者但一定要有发言权，每个单元和员工都要锁定客户，一个阶段内，尽量围绕他们的客户满意设计一条指标，并让客户参与评价。

一、找到客户，建立体系

客户满意才是最重要的正绩效、真绩效。为什么有的公司制度很健全、文化理念很先进、人才很优秀，就是经营不景气？很可能是因为醉心于自嗨而忽视了经营、忽视了客户。我同意陈春花老师讲的一段话：

一个公司的管理能力大于经营能力的话，那常常意味着亏损。你不妨看看，你公司最优秀的人是在做经营，还是在做管理？你开内部会议多，还是开外部会议多？如果你的高管团队每一次都是开内部会议，每天看到的都是他的下属，那么你的管理就大过了经营。

杰克·韦尔奇也说：不好的管理者，上午最重要的时间都在开内部会议，下午不重要的时间见客户；好的管理者，上午最重要的时间都在见客户，下午尽量少的时间开内部会议。有人会说：客户的重要性肯定是毋庸置疑的，但如何让客户参与到企业的内部绩效管理中来呢？企业的中后台又去哪里找客户呢？

走走心、换个角度就能解决问题。从现代企业的角度看，**企业内的一切岗位都在从事服务工作：或对外部客户或对内部客户**。按照这个基本理念，确立客户的方法很多，最直接有效的，我认为可以应用 SERVQUAL（服务质量）模型，如图 7-1 所示。这是营销界普遍认可和应用较多的一种服务质量测量方法，是由帕拉苏拉曼（Parasuframan）、泽丝曼尔（Zeithaml）和贝里（Berry）提出的基于服务质量差距的分析方法。泽丝曼尔和贝里在对服务质量进行研究时，列出了影响服务质量的十个因素：有形性、可靠性、敏感性、沟通性、可信性、安全性、胜任能力、彬彬有礼、善解人意和可接近性。后来他们把这十个影响因素优化为五个决定服务质量的基本属性，并重新进行精确的定义：可靠性、反应、保证、感情和有形资产。另外，在实践中补救性服务对顾客感知的质量影响很大，也应列入服务质量评价指标之列。补救性服务就是企业按照上述服务质量要求严格管理，尽力提供无差错服务，但由于服务的无形性和差异性，服务差错难免会发生，顾客仍然要承担一定的购买风险。这时，应及时采取补救性措施，消除顾客不满，维护企业形象，留住顾客。

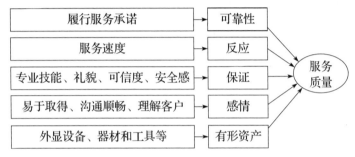

图 7-1 SERVQUAL 模型测量服务质量示意图

应用上述模型，理论上可以满足所有岗位、团队和部门确立持续提升的特设绩效项目的需要。可靠性主要指履行服务承诺的能力；反应主要是服务速度；保证是指员工专业性（专业技能、礼貌、可信度、安全感）；感情是公司人性化的表现（易于取得、沟通顺畅、理解客户）；有形资产则主要指外显设备、器材和工具等。可见，我们在测量服务质量时，不仅要测量一个满意度指标，而且要了解服务承诺是否兑现、服务速度是否快捷、员工表现是否专业、服务细节是否人性化、有形设备是否令人放心等五个方面达到的绩效水平。我们将通过一个应用案例来看清楚如何为前台单元和岗位找到量化指标、让客户引导绩效提升。

通过委托第三方调查等方法（前面章节提到的"高成本的量化考评"即指此，该花钱就得花钱），获得有关服务质量的基础绩效信息。

1. 服务可靠性

[设计要点]设计测量题目时，要尽量量化可选项，让客户从已设计好的量化选择项中选择答案。开放式的问题，比如"他们承诺您几点到达？""他们实际几点到达？"等过于具体和开放式的问题，会给客户增加答题难度。所设计题目要方便客户凭直觉回答，并利于调查者统计和分析。

您在拨打我们的客户服务热线时，是否有无法打通或打通后无人接听的情况？（　　）

A. 从未发生过　　B. 1 次　　　　C. 2 ～ 4 次

D. 5 次以上　　　E. 几乎打不通

2. 服务的反应

[设计要点]服务速度是服务质量的重要标志，企业可以通过向客户提问，得出相应的服务速度指标，从而了解客户对服务速度的满意程度。企业在了解本企业目前服务速度水平的基础上，可以确定持续提升的目标。

您在提出服务要求后，需要等待多长时间？（　　）

A. 15 分钟以内　　B. 15 ～ 30 分钟

C. 1 小时以内　　　D. 1 小时以上

3.服务的保证

[设计要点]员工的专业性主要表现在专业知识、业务素质和服务态度等方面。设计服务质量测量表时，如果能对专业表现有明确的量化界定，设立持续提升的KPI体系，将极大地促进服务绩效水平的有效提升。

对维护专线的专业解答，令您满意的有几次？（   ）

A. 0 次 　　　　　　B. 1 次

C. 2 次 　　　　　　D. 3 次及以上

4.服务的感情

[设计要点]服务人性化是一个难以测量的服务质量维度，无法直接监测到的服务更不好测量。比如，维修人员走后，客户对现场的清理是否满意，企业既无法去现场观察，又无法让客户描述。在这种情况下，一般可以采取间接询问的办法，利用客户行为测量服务人员的服务行为，如询问客户用了多长时间清理现场，由此来判断维修人员清理现场的服务质量。

我们的维修人员走后，您用了多长时间清理现场？（   ）

A. 基本没有清理　　B. 15 分钟以内　　C. 30 分钟以内

D. 1 小时以内　　　E. 1 小时以上

5.服务的有形资产

[设计要点]客户对有形资产服务的满意程度，也是关系客户对企业产生信赖与否的关键变量，如果能够获得相关的变量数据，则可以建立持续提升的KPI体系，帮助企业树立良好的

企业形象和提高可信度。

从开始使用到第一次发生故障（包括没有报修的小故障），大约多长时间？（　　）

A. 3 个月内　　　　B. 半年内　　　　C. 1 年内

D. 1 ～ 3 年　　　　E. 3 ～ 5 年　　　　F. 5 年以上

数据出来了，相关部门和岗位的指标也就出来了，绩效提升的目标也就可以相应量化、清晰了。需要说明的是，这些数据并不仅仅是用来直接设计指标、确定目标值的，更高级的心法是分析这些数据背后的东西，找出制约的关键因素，甚至层层分析根因，那样的绩效提升将更有针对性、效率更高，员工也会更加积极主动，绩效管理的正绩效和真绩效会让你明显感觉到。

二、举一反三建立持续提升的绩效体系

前台的单元和岗位可以直接按照上面的方式找到客户、确定指标，中后台也可以通过转换，同样应用这样的工具。我还得强调，应用 SERVQUAL 模型寻找持续提升的绩效特设项目、确定指标，是高成本的量化考评体系。第一，不能贪多，强烈建议一个单元、一个岗位在一个相对长的阶段内就设这一个项目、一条指标；第二，这个模型可以举一反三，同样可以应用于针对内部客户的服务质量提升。以下是某公司激励人力资源

部门持续提升绩效的一个项目，起点也是应用服务质量模型找服务满意度基础数据。

首先由第三方设计一个 App，内置针对人力资源部的调查问卷，如表 7-1 所示，定期发给与人力资源部打交道的部门和员工并确定有效回收率，达到一定回收率就自动提供分析结果，经理据此去找员工设计量化指标和目标。

表 7-1　对人力资源部服务质量内部满意度的网络问卷

评价标准	评分标准							姓名1	姓名2	姓名3	姓名4	姓名5	姓名6
	很差						很好	岗位1	岗位2	岗位3	岗位4	岗位5	岗位6
标准1：态度友好	1	2	3	4	5	6	7						
标准2：回答详尽	1	2	3	4	5	6	7						
标准3：回馈及时	1	2	3	4	5	6	7						
标准4：处理有效	1	2	3	4	5	6	7						
⋮													
评价得分合计													

对于此类数据收集方式（对任何中后台部门和岗位均可设置），系统通过自动生成管理控制图，可以直接给出相对性比较，相对性比较其实就是客观直接考评。管理控制图是统计当中经常使用的一个工具，在绩效管理评价中也得到有效运用。

首先，它可以进行岗位横向比较，如图 7-2 所示，A、B、C、D、E 分别代表五个岗位，分数直观地显示在图中。水平实线是平均分数，上下虚线是六西格玛控制上下限，也就是说上面三西格玛，下面三西格玛。C 岗位分数最低，不论它的绝对分数是多少，相对于其他岗位而言，它都处于最后一名，所以它的此项考评结果应当为差。使用这种方法，借助相同的标准、直观的计算就可以完成强制分布想要完成的相对比较，而且克服了强制分布淘汰无依据的致命缺陷。其次，这一工具还可以进行不同项目的相对比较。如果 A、B、C、D、E 是不同接待任务的评价分数，还可以分析不同工作的绩效差距，完成相对比较并从中发现问题、找到绩效标杆（图 7-2 中的 A 点）。

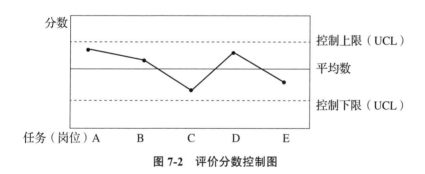

图 7-2 评价分数控制图

三、绩效管理和绩效考核的核心区别

完成上述操作后是否就可以结束了呢？是否就可以按照系统自动给出的考核结论去实施绩效兑现了呢？如果是这样就大

错特错了，后面怎么做，是我所理解的绩效管理和绩效考核的核心区别，后面的步骤至关重要。假设图 7-2 中几个岗位的五项服务质量调查的得分分布图到了人力资源部经理手里，经理的习惯思维有两种。一种是公事公办的所谓公正处置方式：奖励得分最高的岗位，处罚得分最低的岗位，或按分数进行优、良、中、差评价，那么经理人都知道：这个体系马上就会崩溃或者沦为形式主义。这种惯性管理思维有致命的错误！它的直接结果就是：员工对绩效考评产生恐惧—试图影响考评过程—试图影响考评者—普遍的抵触—不了了之或强制正态分布、强制执行—恐惧与应付的组织氛围。另外一种方式就是经理权宜处置：那就是他不按这个结果来，想怎么办、能怎么办，他自己看着办，其结果可想而知。

正确的做法是：经理将排名靠后的员工找来进行面谈，给他一条 KPI：在下一个考评周期中，把绩效标准或分值提高×%，如果完成了将得到额外的加分。如果有可能，还可以与他探讨提高绩效的方法。这才是真正的绩效管理、实实在在的绩效沟通。这个过程实际上是将绩效管理与绩效激励的过程由传统绩效考评的一步走，转化为两步走。传统绩效考评是激励性考评（核实是否达到绩效目标）—激励；而绩效管理是信息考评（获得绩效提升信息）—激励性考评（核实是否达到绩效提升目标）—激励，这是绩效管理与传统绩效考评最大的区别。绩效管理思维就是在自己正确和明白而别人还糊涂着的前提下，越是想要得到一样东西（绩效），越不能直奔主题、急吼吼地要，一定要转一个圈去获得。绩效考核和绩效管理的核心区别大体也在此吧。

有人说：在双方沟通确定 KPI 的目标时，员工大概率地会想要多分几次提升到位吧？这样既能增加绩效奖励的次数，也会降低难度和风险，这会不会诱导上下博弈？比如：经理提出的要求是"将客户的平均等待时间降低 10 分钟"，而下属会找各种理由要求将标准定得低一些，比如 3 分钟。在成熟企业内部、组织内部的微妙平衡和默认规则是强大的，很多情况下，主管会屈从下属，降低标准。某些人对此存在疑虑，如同曾经发生的"布勃卡（撑杆跳运动员）现象"：明明能跳得更高，但控制自己的标准，以获得更多的创纪录（加分）机会。对此，我认为没有必要过于看重，一方面主管有一定的权威进行适当的控制，或者还有其他因素，促使员工尽快完成这个项目去投入另外一项绩效改进。另一方面，从管理者的角度看，这就是个"温水煮青蛙"的游戏，一开始的 KPI 目标员工可能会比较轻松地完成，轻易地获得加分（他们当然会偷着乐），但当 KPI 目标提升到一定程度后，他们不得不认真对待，自下而上进行有效的绩效改进，到了这个时候（机制发生作用），他们已经在快乐中走上了绩效提升之路，无法退回了。

四、调查问卷设计的技巧

之所以称上述量化考评体系是高成本的，原因之一就在于这要求管理者和员工的素质较高，有的时候甚至需要专业机构辅助完成，比如上述调查问卷的设计就不是那么轻而易举能搞定的。2020 年我们搞过一个成功的问卷设计，我带着一群专家，整整磨了一个多月才完成。问卷设计要注意以下技巧：

一是一定要从方便客户回答的角度进行设计。如果直接提问的问题对方可能不容易回答或要经过复杂的思考过程，则可考虑通过折射方式，间接体现各个维度的问题。比如：针对人力资源部六位被调查对象的"专业技能"设计的问卷，实际企业中常见的现象是六个人、六个岗位、六个不同的专业，外部无法对不同专业之间的专业技能进行比较性的判断。而对于人力资源管理专业，在内部服务中"回答详尽"这一标准实际上是用来折射、间接反映"专业技能"水平的，而"回答详尽"是可以在不同的专业、岗位和人员之间比较的，见图 7-3。同样的道理，可以用"态度友好"折射"服务的感情"。

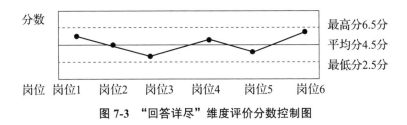

图 7-3　"回答详尽"维度评价分数控制图

二是不能只评价整体的满意程度。许多企业在考评客户满意度这一指标时，往往会首先询问客户以下题目："请您为本次服务质量打分（满分 100 分）""请您选择对本次服务的满意程度（0 为不满意，1 为一般，2 为较满意，3 为很满意，4 为非常满意）"，然后根据客户的回答，统计一个百分比，按满意率来实施评判。通过这种方法得到的整体满意度是个模糊的概况，被评为"优"的员工不知道今后如何做才能保持业绩，被评为"差"的员工不知道问题在哪里。企业应该摒弃这类只会浪费资源和引发内部矛盾的整体评价方式，采用能为绩效提升提供直接方向和目标的评价方式。

三是必须以取得量化信息数据为目的。要避免采用开放式问题，能采用具体数据的一定要用数据，不能直接用数据的，可以应用定性评价。如上例对人力资源部内部服务质量的评价，也要通过等级评价后的分析，转化为数据，为持续提升绩效设定可行的目标。比如：上例中当前的评价为 3.5 分，KPI 的提升标准则是下个周期达到 4.0 分，从而建立明确的评价和提升标准。同样，可以针对各个维度的得分，对得分低的岗位，进行绩效沟通，赋予 KPI 并确定目标和标准，围绕这个标准持续提升，从而引导绩效的持续提升。另外，应用帕累托图等数据分析方法也可以寻找持续提升的 KPI 或 OKR。从"质量、数量、成本、时间（工作时间、响应速度）"、财务报表分析、经营活动分析、年度工作总结、考察报告、事故分析报告等切入，基于数据统计分析，可找出相应的量化指标。

第八章

体　系

　　除了华为，也没见几个公司能全面引入管理体系取得成功。对于引进管理体系要警惕，要用心磨出自己的体系，并融入日常管理，最好连它们原来的名号都扔掉。

我看到很多关于管理的书，都说自己如何如何成体系，要如何如何缜密地实施，搞大了的还配套上培训和认证，坚称要经过认证才会做对，认证俨然成为一种成熟产业，而社会上相信这话、努力考证的人还真是不少。其实，作为管理人员，尤其是成熟企业的管理者，我们要冷静下来想一想：真的是这样吗？我工作了30年，也算见过很多成套引进设备和技术的企业，不管是民营企业还是国有企业、大企业还是小企业、中国企业还是外国企业，无不精打细算，能够利用的点滴都一概利用，能够借用和共享的资源一概借用。我上初中的时候曾住在国家重点工程的工地上，看着人们建设安装首台从西屋公司引进的30万千瓦汽轮发电机组，设备包装箱都被彻底利用起来。40年过去了，还真没见过不差钱的土豪。怎么到了企业管理上、绩效管理上，就不能修修补补，就得全盘接收了？

有人说华为任正非就是这么做的，在华为还不那么富裕的时候，几乎把那年约7亿美元的利润都交给IBM，请IBM给华为做脱胎换骨式的管理变革。是的，没错，华为做到了。问题是：除了华为，你还见谁做到了？除非你坚信自己是任正非第二，否则我们还是不要太迷信管理神器。要我说，根本就没有什么神器，有效的管理体系都要靠逐步改良我们的日常管理，不管他们把 MBO、BSC、EVA、KPI、OKR……说得多神奇，我们都要把它们过过自己的心，在过日子中把这些神器融入自己组织的套路和体系中，最好连它们的名号都扔掉。

一、管理有且只能有一个体系：日常管理

关于绩效管理，有很多理论、方法、工具，特别是我们从国外翻译了很多东西过来，这些东西有用吗？第一，我觉得这些东西对我们会有很多启发。好东西都是用来启发你的。为什么有启发作用？一是经典理论的形成过程值得我们学习，或者说一般情况下，人家是按照自己所说的方法论认真走过来的，基础数据是真实有效的，这比我们做同样研究要靠谱；二是如果那个理论工具确实有效用，大概率是能够查到根源的，即使有宣传包装的成分，也不会太离谱。第二，大概率是不能直接全盘接收、系统引进应用的。我们的习惯是引进一个东西就叠加在现有的管理体系上，为组织内部的各个系统引进各个系统的东西，最后就是把很多东西叠加起来用。我们的理念大概就是：反正补品吃不死人，好东西当然是多多益善，多管齐下必有奇效。我评价这叫"找死"，那些东西不是饭，**企业管理有且只能有一个体系：日常管理体系**。一定要在所有这些东西中提炼出一两句精华、一两样程序和标准来，用以磨出自己的套路。没有自己的日常管理套路，连保留 KPI、

OKR、BSC 这些名词，我觉得都会影响你的成功，一定要把这些理论全都磨掉，剩下你自己的一套得心应手的日常管理体系，你才有可能成功。特别是成熟的组织要全盘改变管理基因是不现实的，所以我 2011 年出的那本书叫《成熟组织的绩效变革》，之所以强调"成熟组织"是因为我坚信，除了华为和华为第二，管理体系只有磨出来，不能全盘引进，更不能全盘引进 N 套体系。

必须要有自己打磨出来的一套体系，原因很简单，一把手的精力是企业最宝贵的管理资源，企业发展的极限在哪里？这十多年，看到许许多多企业的快速膨胀，我一直在思考一个问题，企业不断扩张，扩张的边界在哪里？扩张到什么时候必须中止？作为一个企业，最大能到多大？我觉得其中最朴素的边界就是一把手的精力和动力分散的极限，如果企业有领导核心，领导核心的精力分散的极限就是企业发展的边界。作为一把手（或领导核心），不管你用什么方法，用什么样的方式，总归摆脱不了要直接参与一些事情：设立新的机构，开展新的业务，进行新一轮扩张……你总归是要参与具体事务的，那么好了，到你实在没有精力参与的时候，那就是组织发展的极限。所以一把手既要参与绩效管理，又要保证精力够用，关键在于打磨出适合自己的组织和套路。不能说有一个新的东西，有个"大神"在推一个什么东西，你拿过来就能有好结果，绝对不是。

比如说要进行组织调整，有了总部、有了分工明确的职能机构就行了吗？未见得。你看朱元璋搞"内阁"，内阁是什么？内阁实际也是一个临时机构，从职能机构中挑出一些人负责。雍正皇帝更极端，成立军机处，那些军机大臣天天围着他转，到皇宫里面办公，实际上成了皇帝的私人助理。皇帝加顾问、私人助理，带动六部有司各职能部门，带动各个省、各个军队运作。韩国三星集团的战略企划室，非常精干，只有二十几个人。三星集团那么庞杂，一天多少事情，其实它的核心就是一把手的战略企划室。韦尔奇更有特点，喜欢当教师，经常亲自去克劳顿维尔管理学院讲课，把他的想法讲给那些经理人，"企业管理学院"这个概念就来自韦尔奇的这个行为。我也在"企业管理学院"工作，领导提出要建设"世界一流企业管理学院"，让我牵头负责，我想以"目前世界上并没有企业管理学院的一流标准"推脱，就跟他半开玩笑地说：什么叫世界一流的企业管理学院？企业管理学院的本质就是一把手的私人工作室，世界一流的企业管理学院就是世界一流的企业和世界一流的企业领导者，用你当他的私人工作室，并且你做到让领导者满意的程度，那就是了！

比如说要有工作方式的调整。你要怎么聚焦到关键绩效这个事情上来？要有会议的调整，要有工具的制作，要去文字化，要采用一张表的汇报方式，一系列企业日常运作的东西都要有所改变，改变到什么程度呢？**成功的绩效管理就是没有绩效管理，**

或者说成功的日常管理就只有绩效管理，没有日常管理，两个东西合而为一，不能既有这个又有那个。我们引进了很多工具，弄了很多体系，弄一个东西这个部门负责，弄一个东西那个部门负责，越弄事情越多，如果不能做到只剩一套日常管理体系，我的建议就是：尽量不要过于较真。大组织不能不搞，但力度要慎之又慎，否则得不偿失。

再比如说人员的培养，对干部要进行面对面的领导力训练，对员工要协助他学习怎么去找问题、找问题的核心和根因，教他怎么找 OKR、改进点在哪里、持续改进的体系如何设立，这些都要逐级训练出来。以在会议上陈述一个超越考评的项目为例，OKR 也好，KPI 也好，如何用两三分钟的时间和三五张 PPT 给大家说清楚，说服委员会认同你这个设想，同意你改进和提升这个领域而不是别的领域呢？这些都要加以训练和规范。比如"于、用、完、达"的陈述方式；会议上部门主任要汇报这个东西，怎么做 PPT；怎么汇报，用哪些词，讲几段；都要有明确规范，否则的话，你很难驾驭有效的、正向的绩效管理。

二、不要听风就是雨，华为的日常管理也是磨出来的

江湖上传说的"华为六君子"中我跟其中几位有接触，不久前还分别请其中两位来作过辅导。这些年从华为出来转行做

咨询的人不少，我也与其中几位成了朋友，于是对华为的江湖传说有了更加真切的认识和理解：华为的确请过 IBM 作成套的管理咨询，但那是奠基，自那以后华为一路过来还是靠自己打磨管理体系。华为的绩效管理体系一直在迭代改进，直到形成顺畅的闭环模式，形成自我激励、自我约束的机制，从而起到不断提升企业核心竞争力的效力：

华为的中高层绩效评估基于述职，结合 KPI 考核，考核制度均衡、有效，且注意到过程的控制与管理。述职方式逐级向上，且多为中期述职：公司总裁向董事会述职；各委员会主要负责人、部门正职向总裁述职；各部门副职向各委员会述职；二级部门主要负责人向上级部门正职述职。由此形成一个层层负责的述职机制。

华为高层的述职有以下八项核心内容：

1. KPI 实现程度

KPI 实现程度即报告近几期 KPI 完成情况并进行对比，同时，报告述职年度的 KPI 完成情况，分析目标与实际完成情况之间的差距，并找出原因。

2. 外部环境分析

外部环境分析即比较客户、竞争对手和自己的地位、潜力、策略与机会；关注影响公司、部门 KPI 指标的环境因素、市场因素，以及业界最佳基准，这些都需要准确的数据来说明。

3. 目标完成情况

目标完成情况即本期业务完成情况，主要针对各项指标，按照最主要、主要、次要的顺序列出自己的成绩和不足，分析原因。

4. 学习与成长

检查公司重大管理项目在本部门的推进计划和阶段目标的完成情况，提出和检查提高员工技能的计划、具体措施和效果，报告和分析组织氛围指数。

5. 客户满意度分析

客户满意度分析也就是客户与内部客户的满意度，要有准确的数据，并分析满意与否的原因，制定相应措施。

6. 预算与 KPI 承诺

根据公司战略目标、往期计划及指标完成情况，结合公司面临的国内外形势对下一期业务目标和 KPI 指标提出挑战目标，并且作出承诺。

7. 提升核心竞争力的措施

提升核心竞争力的措施即提升完成 KPI 指标的能力和增强管理潜力的措施。本部门在完成绩效指标的推进过程中，对即将采取的措施进行计划，预测实施效果。

8. 反馈意见

在目标实施过程中将必要的人、财、物以及技术等各方面资源列示出来，便于公司协调，及时调配。

可以很清晰地看出，华为没有照搬什么管理神器，从程序到内容再到评价方式（定性评价定量化），都是平平实实的日常管理，其中的4、5、6、7、8与当初的机制相比已经有了很大变化，增加了新的内容。这已经成为日常管理的家常便饭，不再强调"这是绩效管理体系"，所以华为的绩效管理融入日常管理是比较成功的。

三、丰田公司的丰田套路

丰田公司的绩效考评被称为面谈培养。通过面谈，了解下属需要哪些支持，下属在达成目标过程中的态度、能力以及需要改进的地方；通过面谈，提出今后工作的期待。这是下属发扬优点改正缺点的过程，其实也是人才培养的过程。

面谈考核的宗旨是"能力主义"和"成果主义"。一个优秀的员工，既要体现在能力上，又要体现在工作业绩上。对于资格/职务较低的员工，在"成果主义"的基础上更多体现"能力主义"；对于资格/职务较高的员工，在"能力主义"的基础上更多关注"成果主义"。

"成果主义"： 丰田公司体现成果主义的考核方法就是方针管理。方针管理不完全等同于目标管理（MBO），方针管理关注结果，但更关注过程；方针管理关注目标的层层分解，更关注上下交流，上下同心。每年年末，公司上下在年终盘点的同时，也会进行一次轰轰烈烈的年度目标设定活动。首先是公司目标，有两种设定方式：一种是公司总经理根据公司战略、经营环境提出下一年的经营目标，下发到各部门进行讨论、修改，再反馈上去，反复几次最终定稿；另一种是总经理不提出公司目标，而由各部门根据本部门实际、公司战略提出部门目标，总经理根据公司战略、经营环境，进行归纳提炼，加入自己的观点，制定公司次年经营目标，下发到各部门进行讨论、修改，再反馈上去。采取哪种方式取决于总经理的管理方式。公司目标确定后，一方面要报丰田公司本部，作为次年考评总经理的要件；另一方面，下发到各部门，制定部门以及部门内每个员工的年度工作目标及工作计划。

公司、部门的年度目标和计划确定后，将贴在公司显眼位置，如会议室，对全体员工公开。然后，上司同下属就要一起通过面谈确定每个员工的年度工作目标及月度分解目标。在每月月末，目标达成度点检的同时制定次月的工作目标，将目标填入公司统一制作的月度考核面谈表。到了月末，上司同下属再一起逐一对每个目标就目标重要性以及每个目标的工作进度、完成情况、取得效果进行评价，确定等级，评定分值。每位员工的面谈考核分值确定后，该部门各个员工的表现情况就一目了然了。

上司同下属共同确定下个月的工作目标后，并不是放任不管，在发挥员工主动性、能动性的同时，还需要不时了解员工的工作情况，给予必要的帮助和指导。这是被称为丰田工作方法之一的"联络/汇报/商量"。

对于中高层管理者来说，部门目标达成度点检通常每半年进行一次，公司总经理会按照部门年度目标逐项进行检查，包括目标是否达成、达成的效果如何，被评价者除了自我评价外，还要接受总经理近乎苛刻的提问和严格的点评。年中、年末点检也是各位管理者感到极为紧张的一天。通常，为了这次点检，部门上下会紧张忙乱近一个月。方针管理是就对双方达成共识的项目展开工作和进行评价，锻炼了员工独立解决问题的能力，同时要求上司参与到员工工作的各个方面。

"能力主义"：这方面的考评主要针对资格/职务较低的员工。考评主要集中在员工工作技能、专业知识、工作态度等方面。实际上，就是丰田价值观的评价。不同资格/职务的员工，其能力要求不同，专业知识要求不同，考评的侧重点就不同。比如对于基层主管，更多侧重领导能力、人才培养、方针管理、成本管理等方面；对于一般文员，倾向于改善问题意识、团队精神、遵守规章制度等方面；对于操作工人，考评主要集中在安全、品质、改进、多能、4S、团队协作等方面。

"成果主义"和"能力主义"的面谈考评中，丰田公司考评员工工作绩效但不唯绩效，真正关注的是通过考评，促进员工能力的提高和员工个人成长。这是丰田公司绩效考评的价值所在。从丰田公司的绩效考评体系中，我们没有看到当今市场流行的管理神器的一丝踪迹，倒是看着非常眼熟，好像我们都用过这个套路。

四、OKR 是最接近目标管理本意的体系化实践

近年来，有一种新型的体系化实践引起了全球企业的关注，那就是 OKR。OKR（objectives and key results）中文翻译为"目标与关键结果"，因其在谷歌等互联网企业的成功实践而被企业界推崇，我认为 OKR 是最接近德鲁克目标管理思想本意的体系化实践。

（一）对目标管理的灵魂之问

目标管理是德鲁克的空想吗？绩效管理与德鲁克的目标管理思想息息相关，除了后来衍生的纷繁复杂的具体方法，可以说目标管理是绩效管理的根和魂。德鲁克说："企业的宗旨和任务必须转化为目标，管理者必须通过这些目标来领导下属并以此来保证企业总目标的实现。"德鲁克认为：第一，通过对制定目标过程的参与和自我管理，目标管理可以把客观需要转化为个人目标，通过自我控制取得成就。第二，引导管理者从重视流程、管理制度等细节问题转为重视组织的目标。只有这样的目标考核，才能激发管理人员的积极性。他还说："不是因为有人叫他们做某些事，或是说服他们做某些事，而是因

为他们的任务目标要求他们做某些事（岗位职责），他们付诸行动不是因为有人要他们这样做，而是因为他们自己认为必须这样做——他们像一个自由人那样行事。"第三，目标管理强调经理人对上级目标实现承担的责任，这意味着每一位经理人应该认真参与他们所属的上一级单位的目标制定工作。尽管目标管理影响深远，但问世之后也受到质疑，这也是在具有厚重传统的企业推行绩效管理存在初始阻力的重要原因之一：有一小部分精英是从理论源头质疑绩效管理这件事的。马斯洛说：德鲁克的目标管理对工人的要求是"有责任心的工人"，但这种要求简直是做梦。那些素质比较高，情绪控制能力比较强，自己想上进、想努力工作、想有所成就、想有所发展的人，才适合目标管理——但问题很明显：绝大多数人不是这个样子。还有人直接提出，德鲁克的目标管理太理想化，实现不了。

著名的争论"德戴之争"——德鲁克和戴明的争论，从1954年德鲁克提出目标管理一直吵到20世纪80年代。戴明是全面质量管理专家，他研究的切入点是日本企业为何能在当时全面超越美国企业。戴明认为德鲁克的目标管理理论就是空想和乌托邦。一位戴明的支持者曾明确说：什么叫目标管理？目标管理是那些在现实世界中搞垮公司的管理方式的代名词。戴明强调程序，认为人不如程序和制度可靠，人在工作中会犯各种意想不到的错误，要用基于缜密逻辑的程序去规范人的行为。

他提出了著名的戴明环：PDCA（计划、执行、检查、改进）循环。对于一个传统企业来说，PDCA 循环是每个干技术出身的人都非常熟悉的，我参加工作第一个月就接受过相关培训。而传统企业、成熟组织确实需要程序化、规范化。记得我刚刚参加工作那会儿，发电厂的操作制度还不健全，有次下班前，班长安排一个伙计去汽轮机车间某个位置关闭一个阀门，并叮嘱他：关左边的，千万别关右边的。结果他一路念叨着"左边""右边"，到那里就把右边的给关上了。

德鲁克超前于他的时代，在他的时代没有能够指导甚至看到按他的理论大获成功的实践，但是他有情怀，抱有从根本上改变社会的抱负，阴差阳错被誉为"管理学之父"，他是个思想家、企业管理的旁观者。而戴明是就管理言管理，更加注重现实，是企业管理的亲自参与者和专业的管理专家。虽然他们的理论在根源上大相径庭，但是从操作层面看，其实门派之争放大了那些所谓的区别。在我看来德鲁克和戴明的理论都挺好，都得用，都要用好！

（二）OKR 是目标管理的新希望

有人给 OKR 下的定义是"一种批判性思维框架和持续性练习，它可以使员工相互协作、集中精力，推动企业不断前进"。另一种更为普遍的定义是"一种与企业、团队及个人沟通的目标，并且评估在这些目标上取得工作成果的方法与工具"。OKR 的核心是帮助企业找到对其发展最关键的方向，并且保持专注，通过集中优势资源，在最重要的地方取得突破。从名称上看，OKR 由两部分组成：目标（O）和关键结果（KR）。

- 目标是对企业将在预期的方向取得的成果的描述，它主要回答的是"我们希望做什么"的问题。好的目标应该能够引起所有团队成员的共鸣，并且是对现有能力的最大限度的挑战。

- 关键结果是衡量既定目标成果的定量描述，它主要回答的是"我们如何知晓并实现了目标"的问题。好的关键结果是对抽象目标的量化。

OKR 关注的是企业的关键绩效目标，强调通过对关键绩效目标的聚焦，引导组织成员作出高效的绩效行为，最终实现期望的绩效结果。OKR 目标关注提出挑战性的和追踪意义的方向，持续聚焦寻求突破，通过激发员工的热情，得到超出预期的结果。关键绩效目标的提出和确定以自下而上为主，有些公司直接规定"自下而上的目标应不低于 70%"。OKR 强调方向的一致性、员工的主动性和跨部门协作，而这三个特征也分别代表了 OKR 在设计过程中的三种沟通模式。

- 方向的一致性指的是企业及其内部的团队乃至每个个体都应该朝着相同的方向努力，避免内耗。"方向的一致性"要求 OKR 必须自上而下制定，先有企业战略，后有团队和个人目标。

- 员工的主动性指的是员工应该积极参与目标的设定并且对执行过程进行自我管理。OKR 不应该由上级以委派任务的形式分配，而应由下至上互动。

- 跨部门协作指的是 OKR 的设计过程要求各团队的目标与关键成果必须获得其他协助团队的认可，因此团队间的沟通交流必不可少。它能够帮助团队明确工作方向，确保所有团队都指向相同的目标。

从价值发生的角度看，OKR 就是一套让绩效从无到有的体系。从 KPI 层层分解目标、传递压力，而后从压力转化出动力的机制看，OKR 能够让以前并不存在的念头、想法直接转变为产生绩效的行动，因而更加直接。而在数量上，相较于从一个目标分解而下，多端发生的数量自然比单一来源更加丰富。从驱动机制的角度来讲，OKR 更强调利用员工的自我价值驱动实现绩效目标，主要依靠激发员工自觉自愿的积极行为来达到提升绩效的目的。OKR 不仅是企业的愿景，也是员工个人价值的充分体现，实现 OKR 的过程也是实现自我价值的过程。因此，对于有更高追求的员工来讲，OKR 能更加有效地激发他们自我实现的内在动力。从理念和成功实践看，只有 OKR 才符合德鲁克所倡导的目标管理的本质，它是目标管理的新希望，当然也就是绩效管理的新希望。

五、条件不具备时将 OKR 思想融入三维考评体系

是不是有了 OKR 就可以解决绩效管理所面对的诸多问题呢？从目前情况看还远远没有改善现实情况，在可预见的未来和绝大多数组织内，上述三维考评体系显然更加实用也更具有可行性、可行性，但是我们可以把目标管理的理想主义和 OKR 思想的灵动融入三维体系，进一步改善和丰富它。

（一）OKR 仍然解决不了多数企业的问题

道理很简单，因为 OKR 仍然回避不了德戴之争中的核心问题：对人的假设。戴明之所以强调程序的重要性，重要前提是人不可靠、人会犯错，也就是人的素质并不是理想状态的。而德鲁克目标管理被攻击的关键点就是他对于人的假设，他认为只要企业和管理者处置得当，员工就是高素质的、积极有为的。而 OKR 之所以在谷歌等企业获得成功，正是谷歌满足了德鲁克的两方面假设条件：企业和管理者处置得当，员工高素质。我们来看谷歌等成功实施了 OKR 的企业和管理者是如何"处置得当"的：

OKR 运作机制的基本要义之一是企业不直接将 OKR 与考核、奖金激励挂钩。OKR 最有效的应用场景，是把它用作员工参与项目孵化、实现自我价值的管理工具，只不过这种自我管理工具是在组织的关注和支持下发挥作用的。在项目管理中，OKR 运作机制让参与项目的每位员工通过使用 OKR 来实现自

己的创业梦想，这些项目如果研发成功，会立刻转化为一个待孵化的项目公司，随后在资本市场不断路演、吸引风险投资，再不断迭代产品并探索商业模式，参与研发的项目组成员就会成为待孵化项目公司的股东。这种独特的激励员工的方式，本质上是赋予每位项目成员使命感，把个人的价值实现与职责和眼下的工作以及项目公司的未来命运紧密联系在一起。在"以创业者为本"的特殊项目激励模式下，每位使用 OKR 的项目组成员必然会迸发出无与伦比的创造力，享受克服研发道路上一次又一次困难带来的成就与快乐。

而作为员工，OKR 的起源来自硅谷互联网企业，因为薪资高，所以员工是严选出来的精英，因为是精英所以最好的管理方式就是自我管理，OKR 的基础和管理哲学正是基于此。OKR 的应用不仅需要员工层的精英意识，还需要管理层的开放文化和创新意识，没有这个基础，员工设定的 KR 一定不会具有挑战性。在中国的语境下或者儒家文化的根基上，一定更愿意让 KR 可控、不具备挑战性，而能够同时满足这两方面的企业，恐怕万里挑一，多数企业不满足。所以就现阶段而言，学习 OKR 的思想很有必要，但是大规模的实践并不乐观，**说具备开展 OKR 实践的企业"百里挑一"还是偏乐观了，"万里挑一"或许比较接近现实。**

（二）超越考评的思想与 OKR 本质相通

关于 OKR 的本质，其实还可以从"历史"和"文化"两个

角度进一步辨析，以利于我们看清楚、想明白、用对路。从管理
思想史的角度，动作分析、KPI 考核、OKR 是有连续性的，与
生产力发展水平和人的素质发展水平密切相关。最近几年我想清
楚了一个曾困惑我 20 多年的事情，那就是还要不要搞劳动定额。
我所在的企业和行业，一直在坚持搞劳动定额，我 1993 年入行
就在劳动组织口，就跟它打交道。一个区域或者一个企业的劳
动定额或许还可以搞得出来，而要覆盖整个国家的这个行业的某
类工作，制定出科学合理的劳动定额标准，那真是太难了！我悲
观地认为，根本就不可能搞出来。这种冲动的源头是"科学管理
之父"泰勒，他根据动作分析制定出劳动定额作为对人的管理的
基础，100 多年来这已经被当作天经地义的事情，因为那是"科
学"。后来，人们不约而同地开始搞绩效考核，绩效考核又逐渐
聚焦到以 KPI 为核心，直到近年出现 OKR 实践。贯穿这百年历
史的主线是什么呢？其实就是工作的规律性、重复性不断降低，
创造性、灵活性不断升高，某些过去的"科学"现在已经不再适
用了，催生出新的实践和理论。而文化角度是什么呢？就是"君
子"与"小人"，就是从秦制到外儒内法，再到儒家。动作分析
和劳动定额中起作用的，是管理典型的"小人"，"小人"的意思
就是小人物、小老百姓，需要为今天和明天的一日三餐操心的
人。这种方法是典型的秦制，简单明了，效果明显。以 KPI 为核
心的绩效管理，其实是因为工作的意义和目标有点说不清楚了，
只能按所谓 80/20 原理，捡关键的抓，并且披上了德鲁克理想主

义温情理论的外衣，但是实施起来遇到人性，免不了上下博弈，制度上本质就是外儒内法，一不留神就奔着塑造"伪君子"去了；而 OKR 面对的就是"君子"了，组织和"君子"相互信任、互相成就，回归了儒家的本来面目。

前面的章节阐述了执规、履职、超越三维考评，其根源和基础其实就是现实，而现实就是泰勒制、KPI、OKR 并存，秦制、外儒内法、经典儒家并存。一个企业内部既存在能够用劳动定额规范的工作及从事这些工作的人，也存在需要寻找、聚焦的工作及其从业者，还存在需要无中生有去创造的工作及其从业者。而能够平衡好、激励约束到方方面面的就是用好三维考评体系，其中的超越考评就是专门为那些创造性目标、创新型的人所提供的。超越考评或者 OKR 的本质与卓越精神是一致的。所谓追求卓越，一定是发自内心想要做，而不是迫于压力要我做，它有三层含义：一是发自内心想要达到；二是眼睛向内自我超越；三是建立相应的机制，而非建立越来越高的标准体系以及相应的考核，也非一味要超越别人。而寻找超越考评目标、确立改进和提升项目的方法，以及改进和提升项目的出处则有两个方向，一个方向是另外两类考评所针对的领域，是问题导向和结果导向，另一个方向就是挑战新目标是目标导向，这与 OKR 实践本质完全相通。

（三）将 OKR 思想融入三维考评实践

说到这里还有一个重要的问题需要讲清楚：将 OKR 与三

维考评体系并列讨论其实是不匹配的，因为多数讲 OKR 的资料只讲了与 OKR 直接相关的理念和方法，而没有讲这些企业的全貌，特别是略过了这些企业的绩效管理体系，相当于只讲了三维考评体系中超越考评的两种方法论。比如：大家都强调 OKR 完成与否是不与激励机制挂钩的，也就是说 OKR 不是绩效管理，真的是这样吗？这里面有两个误区：其一，OKR 当然是绩效管理，当然有激励，只不过它是对"君子"的绩效管理、对"君子"的激励，这种管理和激励是基于双方的默契，放在长远、不约定期限的兑现，是高层次的激励，而非对"小人"的赏不逾日、罚不还面式的激励。传统绩效管理的深层次问题之一也就在这里：短周期的考核和激励兑现，导向就是让大家远"君子"而趋"小人"，造成急功近利的文化。其二，在这些企业里，仍然有针对相对短期的正式的绩效管理和考核，只是它磨合出的日常管理体系比较成熟，不再强调考核，而是"重关注、轻考核"，比如：多数成功实施 OKR 的企业，实施周回顾 + 季度OKR 评估 + 半年多维度绩效评估，搞周回顾意思当然是我们不能只顾挑战和创新，平常过日子的事情也得做，周回顾就是一种监控和提醒，毕竟"君子"也有偷懒的时候，半年多维度绩效评估涉及工作态度和整体工作成效，带有刚性，与薪酬等激励挂钩，所以实施 OKR 其实仍然绕不过"绩效考评"或"绩效评估"的槛。从中也可以很清晰地看到，这些成功企业的绩效管理有效融入了日常管理体系，OKR 只是其中的一个有机组成部分，并非单独的体系。

　　所以，看待 OKR 也要看全局、看实施它的企业的整体，如果从这样的角度看，包含 OKR 在内的整个日常管理体系与三维考评就匹配起来了。通过文字材料和与专家们的交流，我主观地想象：OKR 跟前几章所述的绩效改进工具和绩效提升工具有四方面相通：一是发起方式高度一致，都是来自准绩效方向基础上的发散式思维，再去找改进和突破点；二是驱动机制相似，都是以自己给自己找突破为主，而一定程度忽略跟别人的横向比较；三是确定的程序乃至描述的标准方式（我看了一些资料）跟两种绩效工具并无本质区别；四是激励机制并不冲突，是靠内激励还是外激励，本质上取决于员工对于发展的预期，只有具备高远预期的人，才会更加看重内激励。所以，实际操作中，当企业还不具备全面推行 OKR 的条件和基础的时候，可以比较顺利地把它的思想和方法拿到三维考评体系中去应用，这对绝大多数企业和社会组织更加方便。

第九章

到　位

一把手请人来咨询、设计、培训都很好，但问题是你要弄明白：最该参与的就是你自己，自己要到位。如果真是要提升和创造绩效，那么使用者缺位只会收获形式主义。

　　组织的一把手为了推进绩效管理，请人来作咨询、设计、培训等等，这些都有必要，都很好。但是有一个问题要事先看明白：其实最该参与进来的是你自己。如果你只是要个考核体系，方便把任务分解下去、监督他们把事情给干了，或许可以交给职能部门。但是如果你要的真是绩效管理、真是提升和创造绩效，那么绩效管理就是管理者的驾驶舱，首席使用者、正驾驶员缺位的话只会收获形式主义。过去这 17 年里，我看到一个个说重视绩效管理的领导者，他们真的会很关注、很认真地找专家咨询、找顾问策划、找讲师培训，但是他们基本上都是把职能部门的人、把别人弄去培训，他自己只是在那里喊话、强调。本质上他就是想要花钱买这样一个体系，然后交给别人去操作，以为这样的体系搞起来，自己就轻松了。其实一把手的动力就是一个组织的原动力，你不参与进来什么都没用！你不参与进来，就是按部就班地加分减分，就是一本正经的官僚主义、形式主义，不客气地讲，这件事情就会成为制造负绩效的源头，不搞或不认真搞远比雷厉风行搞要好。

一、置身事外是惰政和恶政之源

　　我们对于绩效管理往往有两个认识误区。第一个是认为它是职能管理，应该由职能部门去负责，我把 HR 部门教会了、建立了制度就行了，让他们去搞吧，这是极大的错误。绩效管理是如何演变为前面所说的惰政和恶政的呢？最高决策者由于认识的原因——很多人因为认识不清，没有承担相应的职责，也就是绩效管理的职责，而放弃相应的义务，把它全盘交给职能部门，天然地认为这是职能机构的事，是绩效委员会的事情，那形成惰政，成为形式主义、官僚主义基本上就是定局了。有良心的职能部门其实也很为难！自己能干什么、靠什么，能自己加以判断吗？能发挥所谓的主观能动性吗？既不敢也不能，而只能寄希望于所谓客观，而客观到底是什么，能够说出个子丑寅卯来的大概也就是靠"量化标准"了！于是为了客观和量化一通折腾，浪费大量的精力和资源，结果就是海一样的制度、海一样的指标、海一样的数字，因为职能部门大多不懂业务、不掌握真实绩效情况，而刚性考核这个事情又很敏感，搞不好业务部门和员工会找职能部门、弹劾职能部门，所以职能部门只能强调必须要有客观依据，必须层层留痕、留据。长期发展下去，则必然像滚雪球一样越搞越复杂，复杂到除了相关职能部门的相关人员，谁也说不明白了！

前面说的是职能部门和员工还在基本正直、诚信的范围内的情况。如果时间再久远一些，有些不够正直诚信的聪明人就会发现，绩效这个东西已经复杂得谁都搞不明白了，那我说怎样就是怎样了！最后这个东西可能就完全被职能部门和相关人员掌控住，而生出其他事端来。而其他部门和人员为了自己的利益，必然开始找捷径，最好的捷径莫过于跟相关职能部门和相关人员搞好关系。如此一路发展下去，到一定程度，相关部门和相关人员自己也就糊涂了，真的认为自己很正确、很伟大，于是很陶醉，直至用它来谋求部门和个人私利，由此绩效管理就这么一路不由自主地由惰政变成了恶政。

另外一个认识的误区就是迷信科学。我们很多企业领导者都是工科出身，习惯性地相信科学、依赖科学，这很好，也没错！但是，如果我们试图通过规范化、制度化、标准化，通过所谓科学技术来搞绩效管理，而你想置身事外，由职能机构来驾驭绩效管理，那就危险了！这是失败的不二法门，因为人是有主观活思想的物种，不是机器，没法按照量化的说明书来驾驭。360度反馈评价法的应用我看已经成为典型的反面案例。

由于现代组织的复杂性，仅仅凭借一个人的观察和评价很难对组织成员的绩效作出全面评价。包括上司、同事、小组成员、员工自己、下属和客户在内的全方位评估方法常被称为360度反馈评价法。调查显示，入选美国《财富》1 000强的企业中，超过90%的企业已经将360度反馈体系的某些部分运用于职业发展和绩效评估中。如果我们把360度反馈评价法的功能定位于"获取信息"，那它是一种不错的手段；但是如果将结果直接应用于激励，则往往会产生消极作用。某些企业实施360

度反馈评价，本质上是制度设计者为了逃避责任：因为考评令管理者伤神，打分的人往往成为矛盾的焦点，那就让更多的人、让团队之间、团队内部成员之间相互评分，并设定所谓的权重，将评价结果作为激励依据。让被考评的人不知道是谁真正在起作用，用"群众的意见"这个托辞堵住被考评人的嘴。这样做的直接结果就是：评价的不是绩效，而是人际关系。但是我看大家关注的仍然是如何更加细化操作、细化标准、改革权重等等，很少有人去想根本原因是什么。其实根本原因是：360度反馈评价这种技术是用来获取信息的，不能直接与激励挂钩，我们应该对获取的信息进行分析，按照前面两章的思路，从信息中发现问题和改进提升绩效的方向，设计KPI或OKR，然后去完成它，再根据结果实施激励。直接把结果跟激励挂钩就是惰政，而惰政必将积累并引发恶政。

二、梳理体系，规范要到位的环节

一把手到位有个前提，就是我在前面讲过的：绩效管理要让看得见一线的人来领导。所以我这里所讲的一把手不是几万、几十万甚至拥有更多成员的组织的一把手。一把手要到哪些位？一是可以按照职责和流程，在归纳一把手既有的习惯和管理惯例的基础上梳理一下，然后明确出来；二是应该把其他那些一把手必须"出镜"的点规范一下，增加或重整内容，把与绩效管理相关的重要内容清晰地纳入进去。具体哪些环节一把手必须要介入，不同的组织应该有不同的做法，难以一概而论，不过我相信前面讲过的，绩效管理的"源头部分"——使命、愿景、价值观、战略等等的确认对准肯定是要参与的，年度的关键业绩指标（是员工绩效管理的源头）的讨论和确定一般也应该参与，部门层面的述职必须参与，季度或月度会议套开的特设项目设立和评价应该参与等。

在推动绩效管理这样的内部变革方面，传统企业采用的方式往往是搞"一把手工程"，以示重视，管理者亲自下手抓。实践证明，这种方式的效率并不高，效果不能长久。一把手不可能把太多时间放在一件具体工作上，如果放了，阶段性的事项还好说，涉及长远变革的事情可能比不抓更糟糕。因为他的关注会造成资源和注意力的畸形集中，掩盖了正常的资源和注意力分布状态下可能存在的各种矛盾和问题。一旦出现人事变动和他本人兴趣的转移，不仅功亏一篑，而且造成员工长久的心理反弹，使今后可能的变革更加困难。因此，最好的方法是"领导用"而非"领导抓"，高层管理者需要安排专人负责项目的推进，最高管理者只要默默应用项目的成果、参与其中——使用调整后的计划管理方式、会议方式、沟通和管理软件等就可以了。实践证明，这样做成本低、震动小、有实效、能持久，可以让员工和各级管理者感受到这种支持，都能跟着行动起来。

变革到位后的组织，也可以设立绩效管理"执行官制度"，让"执行官"作为一把手的代理人，代替他到位。或者在领导层分工上，设立常务副总裁、行政总裁等类似的职务，具备负责内部管理和变革的职权，改变副总裁各管一摊，只有配合没有统属，一切等待最高领导裁决的传统方式。总之，没有重量级的人物参与其中，盯着绩效管理这件事，那还不如不做。

三、出其不意的到位更有魅力

其实有的时候，领导者的魅力还在于时常搞点出人意料的小举措，实践证明，这用在绩效管理上也会发生意想不到的奇效。我收集过专门研究领导力的资料，不论在东方还是西方文化背景下，领导特别是组织的一把手都是组织内超级吸睛的明星，人们会不由自主地关注领导，试图把握他的行踪、规律和喜好。前面虽然讲了领导最好规范、硬性地参与绩效管理的某些环节，但是如果你哪天有兴致，偶尔出现在规定之外的环节和场合，哪怕是一言不发地旁听，作用也是超乎寻常的。当然最好是认真地、有见地地说上几句，但尽量不要喧宾夺主，抢了主持人的风头。

其实在如今这个信息化的时代，这种出乎意料的到位还有更高效率的实现方式：我曾经指导我的咨询客户开发了相应的绩效管理软件（可惜往往人走政息，如今都找不到了），把一把手或其代理人设计为超级用户，超级用户可以浏览各级绩效经理的管理主页、浏览一线主管的工作日志平台，浏览会留下痕迹，经理和主管们会知道几点几分老板来关注过我的管理工作，那种激励作用和效果大得惊人！某些勤快的领导者还经常给人家留言，不仅进行鼓励还会提出自己的见解，效果就更了不得。当然，这里面的技巧也很多，如果在实践中逐步总结和完善，你和你的员工甚至都会迷恋上绩效管理，因为这种方式的本质是一种更广泛、更深度的绩效沟通机制，其实它就是因绩效管理而起的"一把手热线"，已经超越了狭义的管理而升华为组织的良性文化。近些年OKR之所以热起来，我认为，其中一个重要的原因就是打破了信息壁垒，横向和纵向的流畅沟通能够让员工看到上级和彼此的OKR及进度，从而产生了附加的精神激励。

最高段位的到位是亲自当教练。韦尔奇是领导者中少有的异类，他喜欢当老师、当高管教练，亲自登上讲台去讲。他充满激情，GE领导力模型"4E1P"中的"P"就是激情的意思。你看他书中的插图，其中有讲课课件的影印件，可以看出，其实他讲得很具体、很专业，应该是用来亲自培训大黑带这个层级的，其中的无边界管理、六西格玛是亲手绘制的图标，可以看出他的投入和激情。作为一个如此庞大的集团企业的一把手，对于内部管理研究到这种颗粒度，挤出这么多时间亲自上讲台的领导者毕竟是少数，因为不仅要能讲还要讲得对，讲一个小时高质量的课，讲台下的实践积累和思考不会少于一年。如果你能做到，那么这是企业之幸、各级经理之幸。其实，各个领域的超凡脱俗的领导者中常常有这样的人，我看我国的张瑞敏和宁高宁也有这个特点，张瑞敏喜欢创造思想、宣讲思想，宁高宁则走到哪里都带着他的团队学习法。再往前找，你会发现毛主席很多经典名篇都是缘起于他在抗大的演讲。所以，最高段位的到位是亲自当教练。

四、不仅要立到位，更要破到位

我认为从一定意义上讲，企业设立制度的根本原因是"不信任"，而塑造企业文化的根本原因是"要信任"。企业在发展壮大过程中，制度的增加是不可避免的，也是必要的。但是很多制度的作用是阶段性的，所以需要及时梳理、修订和废除。修订和废除说说容易，做起来可能并不简单，一是客观上大型组织内部的制度牵扯面广，能够评判出制度问题和内在联系的人都是稀缺的资源，未见得有功夫坐下来做这案头工作；二是某些有问题的制度涉及部门利益和个人利益，管理者和员工主观上的抵触也是有的。如果领导者不沉下心、走到位，要破制度、破规矩是非常难的。

绩效管理这个体系涉及面最广，里面的情况也最复杂，当进行到一定阶段，规范化、标准化水平越高，实施得越认真，

内卷程度就越深，员工和企业越深受其害。比如：这两年 OKR
大受追捧，培训和实施的企业越来越多，但是起到正面作用的
好像也很难找出来。企业高层领导者能够真正自始至终参与其
中的并不多，很多情况下，领导就是想个点子美其名曰"领导
的 OKR"，然后交代下去就完事了，最后"领导的 OKR"必定
成为"下属的 KPI"；而另外一种常见的方式是"OKR 找你要
想法，然后要你签字画押，最后变成 KPI 来考核你"。这两种典
型的操作方式都会让下属雪上加霜、让绩效管理雪上加霜，而
如果我们只是坐在办公室里听汇报，或者偶尔到培训现场看表
演式的模拟演练那就会有大麻烦在前面等着。如果说陈旧的制
度破起来有难度，那么最低限度是我们要对新增加的这些方法
和制度多加留意，及时破、破到位。

五、过犹不及，到位不要过度

亲自当教练和什么事情都抓并不是一回事。到位的必要性
显而易见，但是也有个别领导者对于绩效管理的介入过于深入，
其结果也令人苦不堪言，时间一长效果适得其反。我看到有的
领导强调事事时时与绩效挂钩，所有管理工具表格化、语言描
述绩效标准化，甚至给每个有管理职能的人员发放统一格式、
按照绩效管理制度印制的日记本，企业里到处都挂着绩效管理
的相关标语口号，所有管理者设计的绩效特设项目和指标都得

按照他的风格来，标准都得按照他的意图设，更要命的是，他的精力还旺盛得要命，搞得下级和员工十分痛苦。过度介入有领导者个性的原因，有的人在任何岗位上都是这么干的，你让他改掉积习基本不可能，所以也只有让不好的结果教育他、跟他对话了。也有人是对绩效管理的认识原因。有些领导者抱有跟我当年一样比较偏颇的认识，认为绩效管理是包治百病的良药，抓住它就能解决企业中的各种问题，在实践中所有的经营管理行为和结果都要跟绩效管理扯上关系，全体员工的各种各样的事情也都要跟绩效管理联系在一起，这也是一种过度。我的理念是：组织不是社会，没有必要自己给自己套上"人人面对同一法规，法规面前人人平等"的高标准准则，实施超过实际需要的标准是一种深度内卷，是一种高级黑、隐藏的浪费。组织里的绩效管理，一定要允许存在例外，也一定要有例外存在，比如：要允许一部分人不打卡或者某些时间不打卡，要允许一部分人在某些时段不填统一的绩效卡而只去搞他的 OKR，要允许某些人或某些部门中途调整他们的绩效项目等。要在制度上留有允许这些事情发生的余地和接口，让绩效委员会或相应职能机构去经常性地面对这些"例外"，而避免把评判和决定这些例外事项的权力全部掌握在自己手里，防止到位过度、用力过度。

第十章

元 力

　　绩效管理是管理正规化的极致化，把绩效管理用文字表达出来，即便你能写明白，能看明白的人也太少了！迷信文字和制度的成本很高，要靠实训习得，要培养关键少数。

即便是前面讲的那些都到位了，还有一个大问题：有没有人听得懂、做得到，去落实落地？很多事情说说容易做起来却难。比如说借鉴丰田生产方式找浪费点、改进点的绩效改进体系，说起来也就是找到改进点然后跟进，这简单吧？但是实际一干你就会发现，绝大多数人都不会弄，你的各级经理人，要不就是找个天大的事情报给你，告诉你他要去改进，但是你一看，到他退休也未必干得出来！更多的是给你弄一个小得不能再小的事情或者根本不用着急做的事情说要改，一天天地能把你气乐了。我的一些朋友现在给企业搞 OKR 工作坊，他们也谈到，让学员确定 O、找到 KR 并且描述清楚，实际上是件很难的事情。把一个目标描述得"位中时应"是个大难题：并不是多数人都会把握合适的大小、合适的时机。2013 年我给这种能力起名叫"面对面领导力"，推行绩效管理需要直线经理人、直接带队伍的人具有面对面领导力，这是组织的元力。绩效管理就是管理绩效、直指绩效、提升绩效，本质就是管理和激发全员的创新意识、习惯和能力，而面对面领导力就是领导全员创新的意识和能力。不解决各级干部的能力问题、意识问题，绩效管理只能流于中庸的打分排名，仍然不会看到正绩效。

一、人的问题永远排第一位

我很赞同宁高宁说的一段话：

　　人是管理学的全部，在企业里，战略和执行是最难处理的关系。建立在讨论战略、宏观环境、产业政策之上的东西和实际做到的东西，往往差了 60%～70%。因为组织的联系、人的联系、资源的联系，都会导致战略执行出现偏差。反过来，有的中层很能干，基层非常有活力，最终也可能推动、补充和挽救战略，完全看一个组织系统是怎么来管理这个事情的……人是战略和执行的最大联结点，企业的"企"字，是"人在上"，人是企业里最核心的要素。在企业里，说到战略，说到任何一个业务决策时，都要假设人的存在，假设人是有能力的。在真正的管理学里，人就是全部。为什么？因为人是所有其他管理行为的前提。你拥有了最好的团队、最好的体制、最好的管理方法、最好的企业文化，再来说做事情的方法……

　　但我们的问题是，这个假设往往实现不了，当我们决定了应该怎么做，等返回来才知道，从能力到动力再到专业性都不够，这就有问题了。所以说人是管理的起点，也是终点。"以人为本""人在上""人本主义""见物一定要思人"，这实际是对管理的基本要求。

　　问题集中体现在中层管理者的习惯和能力上。实际上，当前我国企业的中层管理者的职业化素养平均来说达不到要求，根本的原因有两点：一是经济的高速发展造成人才不足，现实中不难发现，刚刚能把本职工作基本弄清楚的人，已经在负责一个部门的工作了。二是传统企业中大量管理者在管理、激励和当好下属教练方面，在定位本部门的工作方向和改进点、系统确定工作提升和改进思路方面，在从自己的个别创新向激励全面系统创新转变方面，均存在非常明显的差距（有这方面天赋的人早就被提拔到更高职位上了）。因此，需要对中层管理者进行系统的、结合具体实践的训练。

过于迷信文字和制度的代价是很高的，把绩效管理用文字表达出来，即便你能写明白，能看明白的人也太少了！我们要学会靠实训和习得让各级绩效经理懂你的理念、方法和路径，并通过他们让其他人学会这个游戏的规则和方法。推行前面所说的绩效管理，要坚持"方法教练为重、文案为次"，避免落入文案的陷阱。完美的流程图、复杂的公式、众多的表格、严密的制度和流程，这样的烦琐足以让任何变革流产。按照通常套路，一份完整的绩效管理文件最少也要几十页，让所有人来执行它，你做过就知道，那是比蜀道之难还要难，在现实操作中必须有效降低成本和工作负荷，办法就是通过方法教练，即将各种需要传导给所有管理人员的信息、需要他们掌握的技能，在听和练的结合中完成，内化为思想和技能，而不是靠正式的文案制度。

二、元力的本质是内驱力

一项改进或创造性的 KPI 或者 OKR，不是那么容易搞定的，是需要认真讨论和审慎决策的。以前我们重视不够，把它当成了个别部门和个别人的事，这是绩效管理相关问题的起源。确定真正能够驱动绩效发生和改变的 KPI 或者 OKR 都是创造性的工作，而非程序性例行公事，需要投入情怀和心力，而不仅仅是时间成本。所谓有情怀，就是人跟理想目标较真，所谓没有情怀，就是人跟眼下的得失（考核）较真。这就是某些 OKR或者绩效管理实战模拟舱培训现场火热，过后悲催的背后逻辑，这涉及人性。霍桑实验的结论其实与此相同，现场培训有外部关注、外力加持，所以貌似有用，而实际工作日复一日、年复一年，如果没有内驱力，就很难保持激情，最后必然沦为例行公事。

三、构成元力的两个关键

培养面对面领导力（元力）有两个关键，一个是决策，一个是沟通。当然还有其他很多重要的相关能力，但是如果我们泛泛地什么都强调，其实就等同于什么都不重要了。我认为基础是决策能力，决策能力决定了"自己行"、自己能做到；而最终成功取决于沟通能力，沟通能力决定了"让别人也行"、大家都能做到。

决策能力。在这样一种体系下，各级经理不再是单纯的执行者，相对于以前，更加需要去寻找改进和突破的方向，每个单元都成为一个相对独立的方面军。那种事事查找程序、事事请示上级、时刻等待上级指令的经理人显然是不合适的，面对多个路口自然需要决策，成功的领导者都善于决策。诺贝尔奖得主——经济学家罗伯特·西蒙教授说，管理就是决策。领导者每天都要对各种问题作出决策，在多变的环境与多样的条件下，企业领导者每天需要在信息不充分的情况下作出决策，级别越高，作出的决策越大，决策越大，对企业的影响就越深远。

决策能力的基础是获取和分析数据的能力。决策者必须"眼观六路，耳听八方"，善于从各种途径获取信息和数据，并有意识地训练信息和数据分析能力，养成善于思考与抉择的习惯，在众多信息中发现并锁定首要问题，从而抓住关键任务。决策能力的养成不是一朝一夕的事情，需要在实践和挫折中反复磨炼，挫折是最好的老师，能使人冷静反省，从而实现事半功倍的效果。海涅说："反省是一面镜子，它能将我们的错误清清楚楚地照出来，使我们有改正的机会。"

决策能力的训练，在德鲁克眼中也是有模型的。德鲁克为管理者提供了一个框架，我们可以借鉴这个框架来训练经理人的决策能力：

第一步，对问题进行分类。第一类是普遍性问题，解决普遍性问题首先要制定规则，根据实际情况来调整规则；第二类问题，对当事者来说可能是独一无二的，但是已经在其他企业或单元发生过，要借助别人的经验来解决；第三类是真正独一无二的问题，这类问题必须个别处理；第四类问题隐藏着新的普遍情况，这类问题需要建立新的规则来解决，不要把它们当成意外事件。

第二步，对问题进行定义。这一步要搞清楚究竟发生了什么情况，哪些因素与此问题相关。正确而全面地定义问题的办法就是：对照观察到的所有情况，不断对已有的定义进行检验，一旦发现该定义未能涵盖全部情况就将它摒弃。

第三步，明确问题的限定条件。也就是说，要明确列出决策所要实现的目标并牢记实现决策的限定条件，一旦现实情况发生变化，就应马上寻找新办法。

第四步，在制定决策时将实施行动考虑在内。决策不过是美好的愿望而已。在这个步骤中，管理者要确保任务和责任已经明确地落实到具体的人，还要确保任务执行者能够胜任工作。

德鲁克的模型还是过于抽象，实践中我们可以结合本企业的行业特点，开发一些情境式工作坊，来对决策进行模拟训练。决策的核心是取舍，取舍的本质就是进行优先级排序。在企业层面，可以把公司的举措视为一些待办事项，由公司领导团队对待办事项按重要性进行优先级排序，按顺序一一处理，直至完成。在增加新举措时，对企业待办事项重新进行优先级排序。这种做法有助于维持工作重心和速度。比如，我们可以参考以下案例来策划我们的决策训练工作坊：

案例 1：Systematic 软件公司于 2005 年开始采用敏捷方法。在向所有软件开发团队推广敏捷方法时，公司首席执行官兼创始人迈克尔·霍尔姆开始担心自己的领导团队会阻碍进程。因此在 2010 年，霍尔姆决定把这支 9 人组成的高管团队作为一支敏捷团队来运作。最初，团队每周一召开一次 1～2 小时的会议，但是他们发现决策速度太慢。因此，他们决定每天早晨开 20 分钟的站会，讨论成员前一天做了什么、今天要做什么以及在哪些方面需要帮助。采用这种做法的高管团队必须只专注于几件事，并且从基于日历进行规划的流程转向持续的、基于问题进行规划的流程。

案例 2：在史蒂夫·乔布斯执掌苹果公司时，他的一大优势就是坚持只专注公司最关键的重点工作。正如沃尔特·艾萨克森在《乔布斯传》中所述，乔布斯执掌公司之后，每年都会带着他最优秀的 100 位员工进行一次外出集思会。活动最后一天，乔布斯会站在一块白板前问大家："我们下一步应该做的十件事情是什么？"大家会互相争论，让自己的建议上榜。乔布斯把这些建议写下来，再划掉那些他认为较为愚蠢的想法，几轮辩论下来，整个小组将最终确定十件事情的名单。最后，乔布斯把列表靠后的七项划掉，然后宣布："我们只做这三件事。"

沟通能力。关于沟通能力和沟通技巧的论述太多了，在这里搬砖就没意思了，我只从绩效面谈的沟通技巧训练角度，引用一些重要的部分。首先是掌握关于面谈技巧的基础性准则，比如 BEST 原则和汉堡原理。

BEST 原则又叫"刹车"原则，是指在进行绩效面谈的时候按照以下步骤进行：管理者指出问题并描述问题后果之后，在征询员工想法的时候就不要打断员工了，适时地"刹车"。然后以聆听者的姿态，听取员工的想法，让员工充分发表自己的见解，发挥员工的积极性，鼓励员工自己寻求解决办法。最后管理者再作点评总结即可。

汉堡原理（hamburger approach）是指在进行绩效面谈的时候按照鼓励、指出问题、肯定支持的步骤进行。首先表扬特定的成就，给予真心的鼓励；然后提出需要改进的特定的行为表现；最后以肯定和支持结束。汉堡原理的作用在于提醒管理者，绩效面谈的作用在于帮助员工改善绩效，而不是抓住员工的错误和不足不放，因此，表扬优点，指出不足，然后肯定和鼓励，才是最佳的面谈路线。绩效面谈是管理者和员工双方探讨成功的机会，也是双方共同的利益所在。因此，管理者应该充分重视，在绩效面谈的时候应该遵循一定的原则，掌握合适的技巧。

实践中我们可以结合本企业的行业特点，借鉴案例开发一些情境式工作坊，来对沟通进行模拟训练：

案例1：百威英博公司的首席执行官会同其领导团队在同一张桌子上办公。大家在一个非正式的、官僚主义弱化的环境下跨职能合作并快速解决问题。这意味着没有人需要召集特殊会议，问题也无须经过多个各自为政的职能部门分别处理后，再集中上报给公司高层。这种管理方式大大提升了决策速度。

案例2：李开复在2000年被调回微软总部出任全球副总裁，管理一个拥有600多名员工的部门。他说，当时他作为一个从未在总部从事领导工作的人，更需要倾听和理解员工的心声。为了达到这样的目标，他选择了独特的沟通方法——午餐会沟通法。他每周选出十名员工与他共进午餐。在进餐时详细了解每名员工的姓名、履历、工作情况以及他们对部门工作的建议。为了让每位员工都能畅所欲言，他尽量避免与一个小组或一间办公室里的两个员工同时进餐。另外，他会要求每个人说出在工作中遇到的一件最兴奋的事情和一件最苦恼的事情，引导大家探讨一下部门员工近来普遍感到苦恼或普遍比较关心的事情是什么，一起寻找最好的解决方案。午餐会后，他一般会立即发一封电子邮件给大家，总结一下"我听到了什么""哪些是我现在就可以解决的问题""何时可以看到成效"等等。使用这样的方法，李开复在较短的时间里就认识并了解了部门中的每一位员工。最重要的是他可以在充分听取员工意见的基础上，尽量从员工的角度出发，合理地安排工作。

以上两个案例已经属于沟通的高级心法和技法了，完全可以变通后结合自己的条件和需要活学活用。从训练的角度说，其实就是找到更多的这种案例，启发经理人去实践，特别是发现企业中做得好的案例为大家树立标杆和榜样。

四、建立元力传导机制

真正让经理人都成为教练，首先靠组织高层领导以身作则、率先垂范。杰克·韦尔奇说，一流的 CEO 首先是一名教练，伟大的 CEO 就是伟大的教练。比尔·盖茨也说，每个人都需要教练，因为教练的反馈像一面镜子，让我们每个人更清楚地看到自己，从而促进成长。其次就是依赖明确而有效的机制，让经理人兼具教练的职责和明确任务，把领导和教练两个功能合二为一，并有计划、有目标地实现经理人意识和行为的转变。传统管理者一般说得多，而教练则是听得多；面对决策时，传统管理者假设多，爱独断，而教练则是挖掘求证多，求共创，追求目标共识；设计任务时，传统管理者给指示、给答案，给命令，而教练多提问，多自我承诺；检查结果时，传统管理者事后控制多，而教练则事前预防多；对待目标时，传统管理者讲究规范、职责，而教练则讲究激发潜能、承担责任；绩效考核时，传统管理者先评估下属，而教练先评估自己；出现问题时，传统管理者问的是你给我解释怎么出错的，而教练问的是应该怎么做能更好；制定使命愿景时，传统管理者只讲公司，而教练还关注个人；发展人才时，传统管理者主要做培训和人才盘点，而教练则与员工制定机制，进行体验式行动学习……

如果有可能，最好建立刚性的机制，在成长通道中加入相应的元素，比如仿照六西格玛管理，设计相应管理者的角色。前面谈论的六西格玛管理，一大特色是要创建实施组织，以确保企业提高绩效活动具备必需的资源。一般情况下，六西格玛管理的执行成员组成如下：

倡导者：由企业高级管理层人员组成，通常总裁、副总裁都会参加，他们大多数兼职六西格玛管理人员。一般会设一到两位副总裁全面负责六西格玛管理的推行，其主要职责为调动公司各项资源，支持和确认六西格玛管理的全面推行，决定"该做什么"，确保按时按质完成既定的财务目标，管理、领导大黑带和黑带。

大黑带：与倡导者一起协调六西格玛项目的选择和培训，该职位为全职六西格玛管理人员。其主要工作为培训黑带和绿带，理顺人员，组织和协调项目、会议、培训，收集和整理信息，执行和实现由倡导者提出的工作。

黑带：全面推行六西格玛管理的中坚力量，负责具体执行和推广六西格玛管理并负责培训绿带。一般情况下，一名黑带一年要培训 100 名绿带，该职位也为全职六西格玛管理人员。

绿带：为兼职六西格玛管理职责的人员，是公司内部推行六西格玛管理的执行者，侧重于六西格玛管理在日常工作中的应用，通常为公司基层部门和团队负责人。六西格玛管理占其工作的比重可视实际情况而定。

如果将与教练相关的资质和工作成效作为专业和行政职务进阶的明确条件，则其成功的可能性更大。

五、熔于一炉的模拟舱培训

模拟舱培训与现在流行的工作坊相比，更加贴近工作实际，应该将绩效管理从理论、制度、流程、标准到方法等大部分内容，通过实战模拟舱让各级管理者掌握，然后直接应用，避免通过文字材料或讲座式培训实现贯彻的目标。模拟舱培训源自欧洲，其特点是充分运用独特直观的教具、市场信息、角色扮演、情景模拟、讲师点评与系统讲解等方式，使受训人员在模拟的市场竞争环境中，体验经营管理的真实过程和情景，使经理人员在模拟决策和管理过程中提升管理能力和水平。

模拟舱培训突出强调了学员地位的变化。知识通常有两种，一种是描述性知识，一种是操作性知识。看材料和参加宣讲式培训可以用于描述性知识习得，而操作性知识又称为心智技能，只有通过模仿、观察、独立操作、自我体验才能习得，知不一定会。传统培训侧重宣讲形式，学员处于被动接受的地位，其学习往往是记忆型的。而模拟舱培训，学员是培训的主体，他们通过自我观察、自我体验、自我开发，最终牢固掌握经营管理知识。对于成熟组织而言，推行绩效管理不是增加一个新的管理模块，而是改变管理的习惯，涉及经营管理全过程，涉及全体员工特别是各级管理者。"理论培训＋方案宣传"的传统变革推行方式很难见效，一是因为理论和方案信息量巨大，二是针对不同部门和岗位的大量规定和要求很难让参训者全过程集中精力。而在模拟舱培训，特别是实战模拟舱演练中，参训者扮演真实的角色，面临真实的经营管理内容，培训结果立即应用到实践中，可以当场检验效果。同时，参训者也是指标与流程确定的直接参与者，他们的认同度高，就避免了传统推行方式围绕制度进行的复杂沟通、斗争与妥协。所以从整体看，该方式大大提高了推行绩效管理的效率、节省了成本。1 000人左右的企业，在前期制度设计的基础上，通过3天左右的实战模拟舱培训，辅之以成熟管理软件，约10个工作日，就可以将这种绩效管理方式顺利推动起来。

　　模拟舱培训应该基于精心的准备。首先，要对企业经营和管理情况进行沟通和调查，包括如下内容：企业的战略目标及相关长期计划、经营状况、组织结构与职责分工、员工构成与素质；企业的规章制度与工作习惯，如现行的合约、计

划、考评、激励、会议，以及工作流程和非正式规定的行为
习惯；企业的氛围与文化，如官僚化程度、信任程度、授权程
度、上下级融洽程度等。然后，根据经营管理的情况和制度
习惯，进行培训的讲解和部分内容与案例的调整，使之与企
业的具体情况尽量吻合，便于参训者理解，尽量减少讲解部
分所占用的资源。同时，根据员工素质情况，重点发掘有思
想、有激情的员工，以便在破冰和初期的演练阶段，找到培
训者的同盟，尽快热场。了解企业的氛围和文化，是为了确
定讨论、点评和激励的方式。若官僚化比较严重，则需要首
先发动高层管理者进入演练环节，培训师点评管理者，也可
以由员工演练，管理者点评，培训师整理。另外，事先还应
安排相关部门和人员准备相关资料，包括公司战略规划与计
划、有关考评的规章制度、部门业绩合同、日常计划与考评
记录等。培训组则准备投影设备、白板、笔、相关表格及培训
评价计分卡等工具并布置会场。模拟舱培训应该分组落座，如
按部门分组、按项目分组、按系统分组等，根据模拟的场次
事先安排。每个团队配备培训助理，负责服务和相关的协助
工作。

　　培训时模拟舱培训除了前面提到的决策能力和沟通能力的
工作坊式的培训外，培训师应重点就绩效管理的上述理念进行
系统讲解，然后在前期沟通和调研的基础上，结合各企业的实
际情况，讲解有关理论和方法，时间一般控制在一天以内。对

于其中的理论要点应进行归纳，当场交流，强化记忆和理解；对于相关方法，如帕累托图、关键成功要素分解等，进行实际的模拟应用，确保掌握，然后按实际的企业管理套路开展实战模拟舱演练，走通年度管理流程。模拟舱培训要尊重参训者，注意成年人培训的特点。参训者中的很多人有一定的社会地位和身份，在工作和生活中有一定决策权，所以应把参训者当作学习活动的主体，培训师应"建议"而非"决定"。参训者能做的事，不要帮他们做；参训者可以决定的事，不要帮他们决定。在培训的演练环节，讲评的主体是参训者，培训师尽量定位在组织、协调、把握主线和时间等方面。针对演练的各个主要环节，培训师应进行评价并给予趣味性的激励，要保持整个培训过程和谐、紧张，有乐趣和激情。

模拟舱培训应密切结合实际，防止两个极端。一是要避免搞成通用性的讲座，事先的调研和沟通、设计、准备工作充分与否，是决定模拟舱实战培训成功与否的关键。调研可以采用资料研读、问卷调查、访谈相结合的方式，要归纳好典型实践。二是要防止变成企业内部的活话剧，培训团队失去主动权，围绕枝节问题不停纠缠。三是以结果为导向，注重结果的整理。通过培训，使参训者对该绩效管理理念和体系有充分认识，达成思想共识；掌握建立公司、部门、岗位三级特设项目或指标的方法要领，并在现场初步完成公司级指标的基础建设，完成示范性部门与岗位特设项目或指标建设；掌握绩效卡的制定和运用要点、绩效面谈技巧，完成示范性部门与岗位绩效卡的构建。各组根据点评和深入讨论的结果，进一步修改作业内容。现场的培训作业完全按照实际管理的需求完成，演练结果直接应用于公司绩效管理实践。

第十一章

氛　围

　　一把手要靠自己营造的组织氛围才能从容镇定驾驭绩效管理，否则必然适得其反，必然收获负绩效。有四种组织氛围对于绩效管理至关重要，需要时时监测并有效加以把握和调节。

如果说元力是组织实施绩效管理的硬实力，那么氛围就是软实力，它基本可以决定实施绩效管理的成本和有效持续下去的可行性。有朋友认为应该从文化角度来讲这一章，但我对于组织（企业）文化和组织（企业）氛围这两个用语，一直比较倾向研究和使用后一个，因为"文化"这个概念内涵太丰富、形式太多样、层次和相关理论太多，而"氛围"相对简单和容易把握、易于聚焦。我认为如果有良性的组织氛围，一把手可以相对从容地驾驭绩效管理，通过塑造有效的组织氛围能起到以道驭术的效果。与绩效管理相关的组织氛围有四个方面，我们需要时时监测和调节它，如果有必要，可以请第三方评价机构协助监测你的组织氛围。

一、组织氛围的影响力和重要性

组织氛围一般是指组织内部环境的心理气氛。它是组织员工对组织的价值观念、人际关系、管理状况、物质待遇、发展前景以及个人在组织中的地位、作用和前途的综合反映，体现了组织员工对本组织的普遍性态度以及相应的情感。组织有组织氛围，地域有地域氛围，氛围的影响力和重要性不容低估，其实我们可以通过观察地域氛围对地域的作用来理解组织氛围对于组织的作用。比如：如果让我品评眼下世界上运转最有成效的地方政府，我会把票投给中国长三角地区的几个地方政府，这个结论源于我对这些区域长期的观察。2003 年我跟苏州大学一位教授聊苏州为什么发展得比它的邻居无锡和常州好。其实从现代历史来看，再往前推几十年，无锡和常州的工商业基础均好于苏州。而所谓苏州更接近上海，上海的"老师傅"更方便将经验和技术传给苏州，这个理由经不住认真推敲：都是坐火车，70 公里、100 公里和 150 公里的区别并不大，而"老师傅"的籍贯在无锡和常州的应该并不少于苏州。

根本原因究竟在哪里呢？这位教授认为最大的原因是苏州人的群体性格和因此造就的苏州氛围：苏州人性子软、功利性弱、包容性强，对外来资本、外来人员形成了更强的吸引力。我逐渐认可了他的观点，从苏州大学金鸡湖校区校门到位于常州的我家祖屋有 90 公里，两地之间是无锡，这三个地方的地域氛围我比较清楚：三地的优势基本相同，不同的是无锡人更精明，常州人更强悍，这两地人对于成功的渴望更强烈也更努力，但是从结果看，好像都比不过苏州包容性好这个优势。"包容"这个特殊氛围让苏州超越无锡和常州。这三个地方有一个突出的共同特点，就是官员、企业家、学者、各类机构的工作人员和老百姓都有自己的"独立想法"，如果你去那里讲课，既能享受思想碰撞的快乐，也会遭遇意外挑战的惶恐，我跟专门搞 OKR 培训的朋友半开玩笑地讲：像 OKR 这种管理思想和实践，在中国要到苏锡常和浙江去"贩卖"，那里是真正存在自下而上创新氛围的地方。没有特定的氛围，王者一定会变青铜，领导自认为的 OKR 一定会变成下属的 KPI。"独立性"这个特殊氛围让苏锡常的企业具备尝试 OKR 这样一种实践的基础。所以，与其年年走出去学南方，不如关起门来思考一下如何改变地域氛围和组织氛围。

相对于地域氛围，组织氛围其实本质上是一样的。组织氛围一般是指组织内部环境的由内而外的心理气氛的反映，它是组织员工对组织的价值观念、人际关系、管理状况、物质待遇、发展前景，以及个人在组织中的地位、作用和前途的综合反映，体现了组织员工对本组织形象的普遍性态度以及相应的情感反应。组织氛围常常以一种组织内部环境中给人以强烈印象的情感状态的形式表现出来，因而对组织员工的感染性极强，会对每个员工的工作态度、工作效率产生潜移默化的影响，仿佛给整个组织染上了特定的心理色彩。组织氛围自 20 世纪 60 年代以来已经成为西方组织研究中的热点课题。作为组织文化的一部分，组织氛围对员工行为、心理产生着潜移默化的影响，进一步影响组织绩效。而组织氛围本身也受到组织结构、领导方式、管理过程等诸多因素的影响。像地域氛围给地域染上色彩一样，组织氛围也给整个组织染上特定的色彩。甚至在同一个集团企业中的不同区域，组织氛围的差异也非常明显，比如：有的组织是强执行力氛围，如果遇到强有力的领导者，这个组织会爆发出惊人的能量，而反过来如果领导者不那么强，这类组织就蔫了；有的组织是利于创新的氛围，如果给予必要的条件，创造力会不断迸发。

二、组织内部的四种关键氛围

关于组织氛围的研究和实践理论比较丰富，如雷蒙德·扎穆图（Rayamond Zammuto）和杰克·克瑞克沃（Jack Krackover）提出用以下七个维度来衡量一个组织的氛围，如表 11-1 所示。

表 11-1　组织氛围的七个维度

维度	说明
信任	当组织成员彼此坦诚、共同面对困难、互相信任时，这个组织就有着比较高的信任度；反之，则信任度比较低
冲突	当组织中出现较高的多种势力的不和，目标离散，组织分裂和个人不和时，组织存在较高程度的冲突；反之，则冲突程度较低
士气	如果组织中的员工对于组织和团队有极强的信任感和热情，那么这个组织就有着较高的士气；反之，则士气低下
报酬的公平性	当一个组织给予它的员工以公平公正、毫不徇私情的报酬时，这个组织在报酬方面是公平的；反之，则是不公平的
维持稳定的偏好	一个组织如果组织惯性强，员工都倾向于未来和现在一样不作任何改变，那么这个组织就存在着对变革的高度抵制；反之，则存在对变革的较少的抵制
领导的可信度	组织中的员工给予领导以依赖、尊敬并且乐于接受领导的决定和行动，这个组织的领导可信度较高；反之，则领导可信度较低

续表

维度	说明
推卸责任	如果组织中的员工认为应该把责任转移到其他人，如高层管理者、其他职员或者组织以外的人身上，这个组织就是一个容易推卸责任的组织；反之，则是一个不易推卸责任的组织

而众多咨询机构也有自己特定的认识甚至是测量和分析体系，比如，合益集团在咨询实践中倾向于通过以下六个维度测量组织氛围：

明确性：员工对组织的程序、期望和计划的清楚程度。

标准性：员工对管理层确定高标准和挑战性目标并推动员工改进绩效方式的领悟程度。

责任性：员工感受到的自由、决定做好工作的程度以及鼓励冒险的程度。

奖励性：员工感觉业绩是报酬分配基础的程度以及认同与表扬多过威胁与批评的程度。

灵活性：员工感觉减少不必要的程序、政策和手续的难易程度以及被鼓励发展新思维和采用新方法的程度。

凝聚性：员工感觉同事之间相互信任、喜欢并合作，共享信息和资源，互相帮助以完成工作的程度；一旦需要，员工会付出额外努力的程度；员工对组织的自豪程度。

在综合研究和试验相关理论和咨询机构工具的基础上，我认为从有利于一把手驾驭绩效管理的角度，需要重点监测并塑造四种组织氛围：人性化、公平性、信任感、恐惧感。

　　什么是人性化和公平性？回到绩效管理，用两个简单的例子说清楚人性化和公平性。如果一个组织只能通过"考"和"核"的方式区分绩效，并为此不遗余力制造考核的依据——量化指标体系，这个组织的人性化程度就值得怀疑。反之，如果这个组织能够靠"评""议""估"区分绩效，具有依靠定性评价量化绩效的自信和能力，评的人能够直言不讳，那就是人性化的氛围（如 GE 和微软）。很多企业把 360 度技术用在绩效管理中，请注意，这技术不应该叫考核手段而应该叫评估手段，两种说法是有本质区别的。评估是发现问题和不足，发现问题和不足后，不是惩罚谁（如果直接就开始惩罚，那叫绩效考核），而是帮他分析原因，提出改进的建议。如果他改进了，则给予相应激励（当然，如果他屡教不改自然要惩罚），这个过程叫绩效管理。选择 360 度技术是为了分散考核者的责任，让被考核者难以反驳和反抗，就用形式上的公平掩盖实质上的不公平，便宜了滑头和老好人，而对认真、实在的人是最大的不公平。不人性和不公平，就叫不良氛围，在不良氛围里，不管什么样的制度，只会越认真越糟糕。组织的氛围是否人性化、是否公平是员工的体验，既有制度和制度执行的因素，也有制度之外领导者行为的因素，不是说制度都符合雇佣的法律法规甚至都执行到位就是人性化、是公平了。

　　那什么是信任感和恐惧感？信任感是组织中的员工对领导

依赖、尊敬并且乐于接受领导的决定和行动的程度，这个数值高，则代表这个组织的领导可信度高，员工改进和提升绩效的积极性就高，反之则表明员工的信任感弱，积极性就会受到抑制，从项目和指标的提交上马上就会有所反映，就会倾向于提交挑战性弱的、确保能完成的东西。恐惧感来自员工对于上级和同事以及其他产生合作关系的单元推卸责任的担忧。如果组织中的员工习惯性地认为更高层的管理者、其他人员会把责任和过失推给自己，并且时刻提防、习惯性地采取防卫，把责任转移到其他人或者组织以外的人身上，那就是恐惧感较强的组织氛围，反之如果组织中经常出现"讲义气"之举，大家主动承担责任，则说明组织中的恐惧感氛围弱。毫无疑问，我们需要"三强一弱"即人性化、公平性、信任感强而恐惧感弱的组织氛围。有效控制了这四个方面的组织氛围，推进绩效管理就相对容易了。

三、监测和营造组织氛围

俗话说旁观者清，对于在绩效管理上直接委托第三方机构的做法，我是持比较保守的态度的，但是对于让第三方机构通过战略合作的方式，长期监测组织的氛围，以及前面提到的提供长期的特设项目第三方基础数据服务是持支持态度的，第三方机构更适合做这些长期而相对专业和单一的服务。为什么让第三方机构来做这件事情更合适呢？因为做一把手的，时间稍微一长，可能听到的好信息要远远超过不好的信息，正常情况下，任何人到一把手跟前说点什么，都会对信息加以选择和加工，身在经营管理任务繁重的一把手岗位，需要相对超脱、直观、长期、系统的组织氛围监测信息。当然，如果你是一个特别重视和善于走群众路线的领导，也可以借助科学的量表评估，或自己独特的方式去体悟组织氛围。

四种组织氛围的信息收集量表和程序很简单，如果委托第三方机构长期合作，可以委托他们提供，也可参考"量化"一章所述方法设计，并与那些收集分析信息的软件体系集成在一起。总体上分三部分：一是制度及制度执行层面的，梳理制度和制度执行情况，客观判断组织氛围的基础，根据诊断报告进行适当的调整；二是获取员工的真实感受，可以采用匿名问卷，也可以通过有技巧的访谈，问卷和访谈主要围绕上述六个维度设计，最好结合关键事件，对问卷和访谈提纲进行不断的迭代升级，达到相对成熟的程度后把它纳入信息收集系统，定期或随机进行分析，监控基本面，发现不良点和优秀点，把握住基本面，捋着不良点和优秀点做文章；三是直接分析超越考评情况，看部门和员工主动提交改进和提升项目的数量和质量的变化情况，从中发现组织氛围的规律和问题。

营造良好的、有利于绩效管理运行的组织氛围的方法，总体上就是"一硬一软"。所谓"硬"就是调整刚性的制度，在监测的基础上评估是否有与"三强一弱"相悖的制度或有欠缺的制度，抓住合适的时机进行相应的调整，并不断尝试。所谓"软"就是以自己为首的各级领导者的领导力和领导风格。首先要检视的是自己的言行，是否人性化、是否公平，是否真的鼓励挑战、激励创新，是否以身作则地为下属担责；其次要具体分析监测数据，查找那些组织氛围问题比较集中的群体和单元，有意识地观察那些群体和单元的领导者，发现问题给予提醒或者给他们当当教练，教他们如何当好领导；如果是干部品质方面的问题，或者是干部的基础素质实在太弱，那就应该结合干部调整适当换人了。因个别人而影响微观和局部组织氛围的情况其实非常普遍地存在，我们不能掉以轻心。

四、营造组织氛围要沉浸到组织中去

想要成功拥有自己组织的绩效管理平台的领导者必须走群众路线，要尽量挤时间沉浸到组织中去，去干什么呢？很重要的一点是磨合与绩效管理相关的共同语言，其中最重要的是，让他们知道，你最希望得到什么、最希望他们如何表达，然后对双方对路子的项目和表达给予旗帜鲜明的表扬。这样一方面可以直接减少恐惧感和距离感，增加信任感，人性化和公平性也会得到显著提升；另一方面会不知不觉地成为宣传者和"同学"，拉近距离、活跃组织气氛。比如：我发现一把手参与几次

"于用完达"表述方式的共同探讨，可以极大提升各级管理者的相关能力，大大降低咨询方的压力。"于什么期限（地点）、用什么方式（路径）、完成什么任务、达到什么标准"成为一个组织的习惯性语言和文字风格后，会大大提高管理的效率。而绩效管理中按照 SMART 原则去描述那么多指标，对于任何一个组织来讲几乎都是巨大的挑战和成本。而如果在一个良好的组织氛围内，用一种达成默契的方式描述项目目标，其实不用一次说那么多、那么细，按照"太极、两仪、四象"这样的逻辑，先用一句话讲，讲不明白的再添一句，依此类推可以降低管理的难度。而这些效果的取得需要一把手沉浸到组织中，跟大家一起磨合。

⊜

第
十
二
章

———

问　心

　　我们需要定下心来回顾历史，问问我们的初心，问问自己
的内心：到底什么算是绩效管理？组织需不需要绩效管理？如
何建设绩效管理？什么是好的绩效管理？

　　绩效管理的实践挫折带有全球性和普遍性，在如今这个时代，获得所谓的理论和管理技术是再简单不过的事情。而理论、技术、最佳案例，往往都是别人家的孩子，看着似乎很美，但并不能解决自己的实际问题，真照着来起反作用的时候更多一些。对此，我认为我们真正缺乏的是静下心来、从头开始追问的过程，特别是追问自己的内心，而非急着去引进所谓更加先进的理论，用理论来打补丁和救场。绩效管理带来的问题始于我们的心魔，要解决问题就要从自省开始。

一、是否存在理想的模式

　　我认为理想的绩效管理模式是这样的：一定要有一个合适的氛围，在这个氛围里，组织的使命、价值观、愿景以及战略和战略目标是被充分讨论的，且能够被质疑以至于修正的。在这个前提下，平衡计分卡或关键业绩指标等才可以介入进来；在这个前提下，如果要推行涉及全员的绩效管理，则全员也要充分参与到这个讨论中来，由此可以层层"分解"指标，以至于分解到各个单元和岗位，那么这个指标才有可能真实代表了组织的战略方向甚至使命价值，这个指标的实现才是取得了正绩效。

　　显然现实当中这个模式过于理想化了，直接的原因就是成本太高。哪个大型企业可以做得到？我很少听说，迄今未见过。多数情况下，使命、价值观、愿景、战略是极少数人或咨询公司制定出来的，指标更是单向分解或演绎出来的，指标的目标值更是简单粗暴地加减乘除出来，而后上下博弈得到的结果。为什么这个模式从根本上行不通呢？不仅仅因为成本，根子还是在意识。现在看来，真正要达到这种程度，所要投入的企业管理成本，特别是企业领导者和管理者要投入的心力成本实在是太大了，除了真正的理想主义者，几乎不可能有企业或组织干到这个程度。如果真有理想主义者这么干了，其实际效果可能是惊人的。真正实干的理想主义者有一种主人翁意识，而当下管理界的问题就是难以解决所有者到位问题，因为主人翁实在太少了！主人翁意味着什么？首先意味着主动担当，因为敢于担当就有了敢于尝试，就有了主动创新；其次意味着不怕担责，因为不怕担责就不必"事事留痕"，就不需要繁文缛节；最后意味着主动对准战略，个人的行为是为了组织的大目标，可以调整、可以改正自己的偏差而不必去找牵强的理由，不会甩锅给别人。但是，当几乎所有管理者都是代理人和代理人的代理人，直到 N 层代理人时，绝大多数代理人是没有那样的心力去做如此深刻的工作的。一旦一个组织进入常态的日常运转，代理人最常用的方法就是靠指标和量化，因为代理人首先要保证自己的安全，自己安全的基础就是程序正确，那就只有繁文缛节。

　　所以问题的症结就是：让代理人拥有主人翁的自觉或接近的感觉，这是一个跟天一样大的课题，不可能展开说，只从绩效管理的角度说一小点，比如：我们是否反思了那些成功实施OKR的组织为什么是异类？为什么占比那么低？我的结论就是：因为他们碰巧让尽量多的人具有了主人翁的感觉，具体的方法本质上没有什么神秘的。所以，我们作为领导者和管理者，要从头反思：首先是我自己是否具有一定的主人翁意识，是否能够给组织成员带来主人翁意识，然后才是对于实施绩效管理的定位：我们到底想要得到什么，不能做什么，可以做什么，能做到什么程度。

二、回问对绩效管理的期许

　　17 年前，人们对绩效管理寄予的期望很多：第一，战略落地。希望绩效管理成为对准战略、承接绩效落地的平台："千斤重担众人挑，人人头上有指标。"平衡计分卡的传入，让学界和企业界兴奋了一阵子，说这是几十年来最伟大的管理工具。第二，实现公平。HR 出身的人多少都有这样一种情结，以为自己是"公平"的卫道士，以为搞了绩效管理就可以实现多劳多得，少劳少得，不劳不得的公平。第三，动态激励。期望在企业常态运营过程中，能够有效地实现绩效区分，干得好还是坏，干得多还是少，分数能把大家区别开来，并依据分数实现人员的能上能下和能进能出。第四，指挥棒和风向标。期望绩效管理成为指挥棒和风向标，倡导什么、需要什么就考核什么。第五，高压线和红线。希望让它作为高压线和红线，反对什么、禁止什么就考核什么。第六，大家的抓手。上层、直线上级，上级分管部门和职能部门，弄什么事情都把自己推的事情指标化、量化、程序化，纳入绩效管理，是各层级管理者渴望的万能钥匙。第七，基层经理的抓手。基层经理要把它当成传递任务、上传下达、平衡内部的抓手……

过去 30 年，我也算接触过不少管理学界及咨询界大咖，他们多数人都会脱口而出地把我们的实践和遇到的问题归为"其实你们搞的是绩效考核"，不无主观地说，绩效管理不是这样的，而是如何如何，所以会解决掉这些问题。其实他们还真是低估了我们的切肤之痛、决心、视野和投入。关于理论上对于绩效管理和绩效考核的争论和区别，我还真的认真研究过，也正是绩效管理理论上的诱惑，让我投身 17 年前的艰巨变革。而对比研究大量理论、方法和案例，不惜投入，是大企业变革前的必备功课，关于理论，其实我们也懂。

三、回看绩效管理带来的打击

2008 年初我曾经组织了关于绩效管理实施效果的一轮访谈。调查结果显示，如果真正实施了绩效管理（其实单纯考核、绩效考核居多），总体上讲有两种声音，一种说好，一种说很不好，竟然鲜有"没感觉到显著变化"的声音。总体上评价不好的声音多，超过70%，负面评价有很多：一是没有严格实施的时候，对于绩效结果的叙述或许还是真的，有了反而越来越假了；二是没有绩效管理的时候大家关注的还是工作，有了以后大家关注的却是如何应付考评；三是没有绩效管理的时候，大家配合工作还是不错的，有了却相互戒备甚至陷害；四是本是为了激励先进鞭策后进，结果却是鞭打先进、共同玩文字数字游戏了；五是对于绩效目标和标准，大家是口头上比高、实际上比低，全体默契地争取"考核安全"；六是消灭了真创新的、打压了琢磨事的、留下了琢磨领导的；七是消灭了高质量激励因子，突出了低质量激励因子，一切向钱；八是互助少了、内斗多了，工作中不再有同事情带来的乐趣，组织氛围恶化；九是成为巨大的管理负担，成为人力资源等职能部门的噩梦；十是评奖、排名成了大事，一地鸡毛，战略落地平台成了没影的事；十一是最应该了解真相的执考部门，往往是最后知道真相或者永远也不知道真相的；十二是磨灭了组织的活力和灵气，日趋行政化、程序化、官僚化……

2013年我应某评审机构邀请，为绩效管理最佳实践案例写点评。看到一篇篇写得逻辑缜密、流程完美的绩效管理方案，我仿佛看到了数十万愁眉苦脸的员工。我的直觉：如果不是领导人具有超凡的个人魅力和能力，认真执行这类制度的结果多半是员工怨声载道、职能部门不胜其烦。碰巧与这个单位的人力资源部门负责人和中层干部熟识，就顺便打电话问了问实际效果，情况大致与我的猜想一致。干部们都说：以前没有绩效管理时，用一张工作结果与效益挂钩的"考核系数"更好些。缜密严格的绩效考核会带来负绩效，多数大企业均如此，不仅我国企业，全世界的企业均存在这个风险：它造成"激情精神""挑战精神""团队精神"的消失。这种制度的逻辑，实质上是把企业的"人格"定位在"一切为了分和钱"的档次，那些以追求创新、追求自我实现、追求为人类发现惊喜的员工被迫放弃激情，屈从于"打卡"，被迫学习察言观色、迎合考核，成为乖学生和围绕绩效报告的文字和数字游戏专家，再没有人为了实现创意（而非完成考核指标）而不惧失败、不怕犯错、全身心投入。激情精神消失了，企业内在的深层次原动力、企业的灵魂也就消失了，只会在维持中逐渐消亡。因为要考核业绩，所以几乎所有人都提出容易实现的低目标，形成追求眼前利益的组织氛围，作表面文章、作数字文章，内在的、自下而上的前进动力没有了，形成"工作只是为了不出错"的"安全"文化，挑战精神消失了。因为不仅对每个人进行考核，还要对每个业务部门进行考核，由此决定整个业务部门的报酬，导致业务部门相互拆台，想从整体利益中为本部门多捞好处，共享信息、共享经验、助人为乐、快乐工作成为回忆，团队精神消失了。

四、回顾问题的原因在哪里

第一，我们的思想没有与时俱进。我们对理论的掌握一知半解，在错误的历史背景中、在错误的理论指导下，采用了错误的方法。什么理论呢？传说中的人力资源管理理论，事实上的人事科学管理理论，它是工业时代人事科学的思想，针对工作易量化的简单劳动很有指导意义、效果直接。它的本质是工作标准化基础上的人岗匹配，在这个逻辑和伦理背景下，绩效考核的本质是甄别价值贡献和价值增加值。而随着知识经济的发展和成熟，劳动复杂程度越来越高，员工本身附着的价值超越厂房、生产线、设备，进入所谓人力资本时代。人力资源管理理论的本质是尊重个性、去标准化，以共同愿景创造并共享增加值，企业与员工共赢，以发展员工为指导思想。在这个逻辑和伦理背景下，绩效考核的目的是甄别员工的能力发展是否达到需要和目标要求，因为其内在的逻辑是：员工和企业是共同体，他和企业是一心的，他的能力提升了，自然企业的绩效就提升了。这个理论的出现，客观上，一是由于复杂劳动的价值实际上难以衡量，或者说衡量的成本难以承受；二是工会和劳动者集团的实力上升、人工成本上升，要精细地激发每个员工的能力。这个情境下产生了绩效管理理论。20年前，我们很时髦地把人事部更名为人力资源部，今天我们又很自然地把"绩效考核"更名为"绩效管理"，手段实现了信息化、标准化和严密化，工作海量增加，静心沉思，效果好像还不如当年一张"系数表"，沿北辙而南辕，收获了"负绩效"。

第二，我们的能力没有与时俱进。我们的灵魂没有跟上脚步，思维没有跟上行动。30 年来，特别是大型传统企业的经理人，多数都是"干事"的行家里手，是好策划师、好工程师、好设计师、好会计师，但似乎缺那么一点东西。具体表现在非常执着地想要用量化指标来代替具象的领导行为，表现在两个"迷信"：一是迷信科学，实际上是迷信过去的、过时的科学，没有意识到或拒绝真的、符合当下现实的科学。本质上是没有认识和理解这个时代已经不是泰勒那个时代了，管理的是有活思想的知识员工，不再是机器般的流水线工人。二是迷信制度，夸大了制度的重要程度。毋庸讳言，制度之于企业非常重要，但制度是必要条件，没有制度，企业会出大问题，但即便有了系统、完善、科学、合理的制度，企业并不见得会经营管理好。一样的条件、一样的制度，运营的结果千差万别，除机遇外，主要的影响因素就是各级经理人的领导力和领导行为。工程、财务的技术和技能是专业，"领导"更是一门专业，制度只是领导的工具之一，具体到"绩效管理"这个话题，就是经理人如何把握和应用绩效管理这个工具，应用的结果不同，会产生截然不同的效果。

第三，在认识深化、思想转变的前提下，制度的灵性和执行者的领导力决定了这个体系是创造正绩效还是相反。在制度层面，制度繁简、流程缜密与否不是关键，关键是针对发展，聚焦绩效改进和提升，还是针对过去，清算分成。像索尼那样，考核是为保证纪律、为核算已经完成的工作的贡献，施以奖罚，就叫针对过去；反之，像丰田那样，考核是为了找到过去不好的原因（浪费），并定义这些因素为改进项目，设定新目标、奖励改进，就叫针对未来。在能力层面，不管制度和指标体系如何，有两件事情必须注意：一是如何对待严密的制度和指标体系，如果已经有了制度和指标体系，在执行中需要强调："重关注，轻考核，没有特殊的失误和延误就放过"，经理人不能在这类制度的执行上太专注，因为"如果你关注考核，你就把员工的注意力吸引到应付考核上，吸引到对付你上"。二是考核涉及企业最敏感、最宝贵、最稀缺的资源——领导精力、员工注意力，这些资源要放到与考核直接相关的"工作改进和提升"上，对于改进和提升，机制上要有奖励，精力上要有侧重，特别是有工作方法，即会帮员工洞察问题本质，找到改进和提升点，并把它规范和定义为可衡量的绩效改进或可提升的项目或绩效点，然后辅导员工去实现，让员工始终有兴趣去提升能力和绩效。这种能力我叫它"面对面领导力"（元力），也就是说，决定绩效管理效果的另一个重要原因，是各级带兵的直线经理人的"面对面领导力"。

五、何为心法，谁的心法

经典以外传授之法是为心法。心法，不在言传而重在意会，强行用文字讲心法，有点词不达意；相对于常法而言，心法是经过个体用心感悟而发的、内生的。心法是简洁的，直指本质，而非经典的、逻辑严密的长篇大论。大企业家都是有自己的心法的，一个企业的成长轨迹往往体现的是企业家本人用"心"面对世界的过程，"有心"和"无心"的区别很大。绩效管理尤须具心法、用心法。热门理论、神话般的案例、别人的成功……所有的外在都只负责提供启发，真正供自己的组织用的东西，一切都要过自己的心。今年我有幸主持一个国家级重点课题，访谈了40多位央企领导，其中有很多是当年的风云人物。在每人一小时的深谈中，我感到他们多数皆有心法，同时也发现绩效管理这事并不在他们关注之列，像韦尔奇和张瑞敏那样注重微观层面员工绩效管理的只是少数。

显然，心法是有层级的，我这是在跟哪个层级的人讲心法呢？这里讲心法的对象就是我主张的：一个相对独立，能接触到所有或绝大多数骨干的组织的领导者，而非他们的上层和更上层。我主要想启发他们自检一下，是否具备相应心法或者潜在的可能。心法是情怀、是格局、是视野，有心法才可能敏捷有效地谈绩效管理，否则一定会收获文山会海、形式主义、官僚主义，大概率会以鸡飞狗跳或万马齐喑为结局。

第一，我是否追求卓越？单纯的考核自古有之，就是为了维持秩序和保证底绩——也就是最基础的绩效。绩效考核是围绕目标考核，核心逻辑是通过评价绩效，以此为基础保证正常绩效目标的实现；绩效管理是找到新的高绩效目标、澄清目标，持续实现目标的体系，它的核心是不断创造绩效、追求卓越的目标。因此，我们首先要扪心自问：我对我所领导和管理的这个组织是否具有主人翁意识？是否具有永不止息的特质和追求？企业家首要的任务是通过设立伟大的愿景和可行的战略与组织模式，将公司的愿景与个人愿景有机整合，并通过管理模式的改善和企业文化的培育，鼓励组织内部的多样性和互补性合作，激活员工的主动性和创造力。这仿佛是德鲁克式的说教，会被戴明的拥趸者所批判，但我认为德鲁克和戴明表面上好像殊途，其实是同归。德鲁克有情怀讲愿景，这是讲向上、对外、对人的追求卓越的一面，而戴明的哲学其实是向内、对事追求极致和卓越。我们需要检视自己是否认同和具有追求卓越的理念与基因。

第二，管理是实践，实践基于手艺。既不要迷信于事先制定的制度的缜密和完善，也不要迷信自己的威信和能力，"计算型管理者"和"英雄型管理者"都不如因势而利导、在过程中完善的手艺人，试图把绩效管理的全域、全流程都用文字和图表表述出来，这就失了"心法"，未战先败了。明茨伯格的"战略手艺化"这段话非常形象：管理是一种实践，而实践主要基于手艺。比如，战略规划是在实践中通过感觉、反馈和直觉不断学习和迭代完善的结果，每个企业和组织都要善于运用数据，但最终还是手艺见高低！明茨伯格认为：把战略当作规划，就是把人当作机器人，规划的制订者想通过给人的大脑"编程"，使人像机器人一样"走路"。这既不可能，也没必要。在极其复杂、迅速变化的商业世界里，头脑被编程，只能按预定的方向"走路"的人，很可能要不了多久就栽到规划者完全无法预料的陷阱里。更重要的是，人无须被编程，只需通过"感觉、反馈和直觉体验等复杂过程"就能"走路"。换言之，我们不否定先制定战略（战略假设），但切实的战略只能在过程中形成，而不能在过程之前确定。因此，明茨伯格将战略形成的过程归为：手艺化。

"手艺"会让人想起传统的技艺、专注以及通过细节的把握做到完美。战略的形成不是靠思考与推理，而是靠各种原材料水乳交融的感觉，这种感觉来自长期的经验与投入，制定与执行相互交融，形成了一个渐进的学习过程，在此过程中，创造性的战略水到渠成。明茨伯格的看法是不要一味地相信"人算"，不要做那些沉迷于数字的管理者（计算型管理者）和狂妄地以为凭自己的雄才大略、神机妙算创造人间奇迹的管理者（英雄型管理者），而要做一个勤谨而又相信"天算"的人。这种人的特点是：始终与客户和一线员工保持亲密的接触，低调、温和、专注，富有参与性。

第三，保持混沌与有限清晰。其实就我们的文化而言，"管理"更多意味着"统治"，传统意义上的"领导者"和"企业家"更多对应着"有权者"。对于我国大部分公司领导者而言，与其说在"管理"公司，毋宁说是在"统治"公司。我原来以为，很多企业管理者对于清晰的近乎变态的追求是工科男为主体造成的，后来逐渐认识到，问题不是这么简单，这是"统治者"心态的具体体现。

在整个企业发展史上，如果不是杜邦、通用汽车的分权实践和德鲁克的话，我们依然无法分清楚"统治"和"管理"到底有何区别。北京彼得·德鲁克管理研修学院创始人邵明路说德鲁克倡导的"博雅管理"本意是"自由的技艺"。"自由"才能体现德鲁克的思想精髓，"管理"的目的之一就是使人自由。华为于 2008 年上线"心声社区"，这种打破层级的、透明的制度化平台被誉为"华为人的罗马广场"，提供了一个管理层自我批判，员工匿名分享交流的空间。谷歌和 3M 公司都注重给予员工 15% ~ 20% 的工作时间来开展自主探索而不管这些方案是否直接有利于公司——俗称"干私活儿"。虽然没有明确的时间控制，但是这种鼓励探索和创新的文化和理念，促成了组织内个体和团队开展探索性学习和创新的重要"场域"，也是世界级企业实现持续跃迁的重要手段。我很认同施炜博士的说法：企业混沌的话，就可能有创新，但是会牺牲效率，而企业有秩序就会有效率，但是牺牲的恰恰是未来。在新业务上、在新的增长点上一定要保持混沌，而在成熟的业务上一定要保持秩序。也可以简单讲：高层要讲混沌，基层强调秩序。我们应该扪心自问：我们是否能够容忍混沌，具有"给予员工应有的自由空间"的意识和心胸？

第四，唯精唯一与迭代求变。真正会用心法的人，可以超越平凡，创造奇迹。如何用心法？既要做到唯精唯一又能够迭代求变。唯精唯一指用功精深，用心专一，专注再专注，专注在自己的目标上，才能积蓄最大的力量前进。20世纪80年代末期张瑞敏从德鲁克的书中体会到：做企业没有什么轰轰烈烈。他在法国枫丹白露作了一次演讲，提到自己的理念就是"剩者为王"。企业的成长轨迹，往往体现的是企业家本人以"心"面对世界的过程。一个真正长久保持卓越品质的企业，一定是对内激烈、对外平静的。唯精唯一是战略、是长期，迭代中求变是战术、是每刻。

迭代有三大价值：降低难度、减小风险、确保质量，迭代可以让你在高度不确定的情况下，既无现成方法可循，又无过往经验可依，在实践中逐步深化认知，探索出规律。用迭代的方式敏捷求变是一种基本心法。声田和谷歌等公司这样把握这些概念：声田遵循"松散结合、紧密对齐"的原则，而谷歌则采用宽松的管理幅度。所有思维开放、有才干的高管都能掌握这些领导技巧。敏捷迭代及其带来的决策速度始于最高层。以敏捷迭代方式领导他人和快速作出决策的领导团队会发现，组织内较低层级的人会模仿这些行为，如果你在管理层培养了一批思维模式正确且管理方法敏捷的领导者，就可以通过公司最稀缺的资源——全体员工的时间、才能和精力，实现价值最大化。

第五，简单些，再简单些。我对绩效管理的深刻体会是"唯有简单或可尝试，唯有人性或可长久"。人性化的含义还包括：很多人其实很单纯，你要照顾到他们，他们真的不如你反应快，真的需要费很大劲才能从一种熟悉的既定方式转换为另外一种方式。考评从组织层面到员工层面展开，绩效已经不再是单纯的管理问题，实际上绩效管理的操作需要各种思想、技术和技巧的融合，不能靠某种理论或工具理想化、技术化，更不可能精简为"千斤重担众人挑，人人头上有指标"这样的口号。在现实中人们普遍认为，引进某一系统的管理理论和技术自然就可以革新管理。这样做的结果是，领导者放弃了对管理的把握，将管理工具化、软件化、职能化，本质上是视员工为机器，忽略了人和组织的复杂性，对于绩效管理这个几乎涉及所有人和事的管理工作，尤其如此。

虽说"不能量化就不能衡量，不能衡量就不能管理"，但越重要的东西就越难衡量。逻辑缜密、细致入微的制度、流程、表格常常是绩效管理的杀手。靠一把手一时的强力推进，靠运动式的变革风暴等外在动力推动起来的管理变革，不会有长久的生命力，外在的动力稍有变化，则一切皆休。针对成熟组织的任何变革，都不是在白纸上描绘蓝图，很难做到依据理论等套路按部就班地实施，而要考虑多方面的因素：需要兼顾既有的制度和习惯，又要兼顾既得利益，尽量借力既有的物质和非物质资源……所以成熟企业的绩效管理变革是整合式的，需要建立在尊重既有的习惯、制度、方法的基础之上。因此，成熟组织的绩效管理变革需要分散的制度安排，不是单纯增加一个叫作绩效管理的管理模块，而是要对所涉及的部分作分散的、局部的修正，让单纯的人尽量只作微小的调整。虽然简单的管理不一定是好的管理，但是复杂的管理一定是不好的管理。

附录

绩效管理的心法[*]

—— 兼谈杰克·韦尔奇卸任演讲对 GE 的建议

各位同行晚上好！感谢工商管理学者之家邀请我来演讲。我算不上什么学者，充其量算一个实践者，但我是一个忠实的关注者和评价者，今天就算是客串一把。我的理解，演讲跟培训和讲课有两点细微差别：第一点差别，我觉得演讲更偏向于坐而论道，再加上我今天主要想讲给企业高管特别是一把手听，所以更加偏理念一些。有些朋友看了演讲公告联系我，说希望看到 OKR、KPI、BSC 等操作层的内容，希望就一个点讲透一些，很抱歉要让这些朋友失望了，今天晚上我不讲操作层面的东西。第二点差别，演讲跟培训的区别还在于时效性，演讲要有时效性。前面几位大咖讲的多是疫情，我就不讲疫情了。上周尊敬的杰克·韦尔奇先生逝世了，我是韦尔奇的铁粉，所以想利用今天晚上这个机会，讲一讲杰克·韦尔奇卸任演讲中给 GE 提出的十条建议及其对于绩效管理的深远意义，我认为这个意义

---

* 本附录为 2020 年 3 月 10 日在工商管理学者之家的演讲整理稿，有增删。

是普遍适用的，而非仅仅针对 GE，也算是我对杰克·韦尔奇先生的追思。

启

我第一次听到"绩效管理"这个词和"杰克·韦尔奇"这个名字是同一时期，缘起同一件事，都源自 17 年前。17 年前，我在一家很有名的企业做 HR 工作，这个企业大概有六七万人，领导特别想搞全员绩效管理，已经试点了两年，但是大规模推广时，大家都不敢接这个活，而且来自基层的阻力也比较大。那时候我是这个企业人力资源部门的一个科长，部门一共有九个正副科长，我是社会保险科主持工作的副科长。领导让我一个干社保的来当推动全员绩效管理工作的项目经理，六七万人都看着我，他们挺紧张，不知道我会怎么折腾他们。我更紧张，不知道绩效管理是什么。领导没逼着我马上拿出办法，而是给我半年时间，让我全世界去学习，谁是大咖就去拜访谁，哪个企业做得好就去现场学习，还给我办了护照，我还真去了一趟美国。也是在那个时候，杰克·韦尔奇写了一本书叫《杰克·韦尔奇自传》，那时他已经卸任 GE 的 CEO 兼董事长，他这本书是搞绩效管理的人的宝典。这本书在那个时代，对于我们初入行的人来讲就是权威。我买了三本，办公室一本，书房里一本，卫生间一本，有空就看一看，对他很崇拜。

那时候特别关注的是"活力曲线""末位淘汰"这些方法层面的内容。

应该说我是下了功夫，也把大家折腾够呛，为了推进这个项目，临时搞了一个叫"绩效管理实战模拟舱"的东西，那时候还没听说过行动学习、团队学习、翻转课堂之类的名词，但实际上都应用到了，也就是把一两千人的企业里与此直接相关的 100 多人集中在一个课堂上，把理论、理念、方法、制度、流程以及软件，甚至开会方式、评分方式等等，模拟实际走一圈，用三天左右时间教会大家。前前后后七年，受过我"折磨"的人，我算了算，大概超过两万人。效果怎么样呢？大家都说好！我也因此调到了总部，到了北京，领导想要在百万人的范围内推行我的做法。但是我知道，实际效果没有想象的那么乐观，因为我那时候还比较接地气，大家愿意跟我说实话，层层上报的内容跟对我说的话是不一样的，有折腾的成分。有一次到基层去，班组里的技术员跟我讲：我们现在一个月要填上百份表。我也当过班组技术员，于是就暗示他，我说不见得每个数据都那么重要，编个小软件，是不是可以批量生成一些。但是这个小伙子很实在，说着说着就流眼泪了，他没听懂我的话。可我作为一位领导，也不能教唆他造假不是？心里挺不是滋味。这不是个别情况，所以我觉得内疚。

不光是我所在的企业，也包括我当顾问、讲课涉及的其他组织。比如，江苏一个非常著名的城市在市政部门推绩效管理，专门成立了绩效管理办公室，负责人跟我讲如何如何有效果，都是跟我这儿学的，等等。隔天见到一位街道宣传干事，他就跟我讲这个东西太要命了，太折磨人了。可见这个东西给基层带来了很多额外压力，我一直心存愧疚。

我当时所在的企业是一个非常有特点的组织，讲究整齐划一、强力推动，最高层的企业领导想在上百万人的队伍中全面推动绩效管理。但是这跟我的理念是不一致的：那时候我已经意识到，搞员工绩效管理，要让看得见一线的人来主导，一个五六百人、一两千人的企业，让那个企业的一把手来主导，而不能让他的上层甚至上上层来操刀。上层、上上层可以鼓励，可以指导，但是不能直接插手。我的理念和组织的理念是冲突的，这让我很纠结：如果用力去做我觉得会造成不可预测的结果，可是我那时候还只会用力做事，不会做事不用力，而且我对自己的破坏力很有信心。过了一段时间，我离开了那个岗位，这是一个让领导和自己都痛苦的选择，曾经后悔过，如今回头再看已无怨无悔。

一晃又十年，虽然离开了推动绩效管理的一线，但是我一直在关注它，一直在研究它，也给其他行业、其他企业做顾问。后来我又动笔写了一本叫《绩效管理的逻辑与伦理》的书，断断续续写了近五年。我认为出这本书的条件还不具备，大家还都处于热火朝天想要让绩效管理再推动、再细化、再科学、再量化的大环境，与我对这个事情的认识是相反的，所以我觉得大势未到。势很重要，有人说你出本书还这么麻烦吗？是的，必须讲究。比如说一个星期之前，你跟意大利人说你要宅在家里、要戴口罩、要封城，他们就会觉得你有毛病，但是到今天，你再跟意大利人说这个话，我相信他们会认可。同样，今天你跟澳大利亚人讲（我听朋友说墨尔本还在筹备 F1 方程式汽车比赛，都不戴口罩，会有超过十万人聚集）要戴口罩、要封城，人家会觉得你有毛病。这就是势。我理解什么叫正常，所以我知道我那时说这些其实不太正常，需要等适合这种想法，能说这个话的时机到来再出这本书。但是，最近这两个月，随着大家宅在家里，随着一些事情的发展，我觉得这个"势"好像突然提前到来了，我觉得不至于说现在就可以按照我的想法去做，起码具备了说这个事情的条件。

为了避免不必要的猜想、联想，我声明一下：今天的公益演讲中提到的所有做得不好的、不成功的例子，都是我当顾问、当老师看到听到的别的企业的，所有做得成功的例子都是我们企业的。"绩效管理的心法"一共规划了十二条心法，是专门写给企业一把手的，哪个层级的一把手呢？独立企业的一把手，而非集团企业。为什么要讲给一把手呢？因为大概 2006 年，我现在这些想法有了雏形，在江湖上折腾的几年间，好多人跟我讲：你讲得越明白，我们越痛苦，我们执行层越明白越痛苦，这些东西你应该去跟一把手们讲，跟领导讲。我记着一线同行对我的嘱托，一直在等机会。今天，我觉得时机成熟了，起码可以说说这个事情了。另外，杰克·韦尔奇去世以后，关于他的文章在网上多了起来，我再次读了他的卸任演讲，看到了他对 GE 未来的十条建议，有了比 17 年前更多的感悟，看到了更多、更深与绩效管理契合的地方，所以结合这两点，我讲后面的内容。一把手一定要讲心法，先有心法，后有手法。心法不定，手法越复杂、越科学，效果会越不理想，所以我觉得对于一把手还是要先讲心法。

纲

心法一：慎始。什么样的企业可以做全员绩效管理？我觉得这是有条件的。并不是每个企业都需要做，选择做绩效管理，意味着企业的规范化管理到了相当程度，相当有规模、相当稳健的企业才需要绩效管理。规范化就意味着职能化，就意味着你要有总部，要有职能机构。而驾驭职能机构是不容易的，职能机构和官僚机构本质上是相通的——我并没有贬义，官僚本身就是中性词。而官僚和官僚机构如果驾驭不好，就是文牍主义和官僚主义，就是大明朝的文官体系。疫情这两个月，我把明史又翻了翻，很有感触，对于能不能驾驭住这样的职能机构，如何驾驭职能机构，要拥有充分的把握，才可以开始搞员工层面的绩效管理。慎始意味着有一些企业要搞，可以搞，有很多企业不需要搞。

心法二：基因。有一部分企业选择开始搞绩效管理，我告诉你，八九不离十，一做就会做成那样一种方式，你一想就会想到那条路上去，正常人都是这样的。什么路呢？定一个标准，然后考核扣分，然后排名，虽然不是百分之百，我想绝大多数企业都会走到这条路上去。这是为什么呢？这是我们的文化惯性，作为经理人，你要认识到自己会这么想。文化惯性是一个有争议的东西，它并不适合企业，起码不适用于处于竞争环境的企业。

心法三：结构。我们往往在绩效管理里会采用一分为二的结构，顾名思义，一个是正常，一个就是非正常，正常的就是不扣分，非正常就是扣分，我们会不由自主这么做。这是有问题的。作为企业，作为处于激烈竞争当中的企业，这么做是危险的。我们应该一分为三：除了正常和非正常以外，还需要有超常。你仔细分析这些卓越的企业，华为也好，腾讯也好，曾经的 GE 也好，都有超常的一面。正常和非正常，你看考核结果就会看出来，90 分和 100 分的差距就很小，何况现实中更多的是 99 分和 100 分，考核数据基本上很接近，你没见过绩效考核得分有 500 分、1 000 分的吧？大家想过没有，为什么不能这样呢？其实真正卓越的企业，创造价值的都是卓越的创新，你需要评价、关注、引领卓越的创新，远远超出你正常运行的那个值的绩效，才是企业发展的根本动力。绩效管理就是要管理绩效，产生绩效，而不是单纯地去衡量已经做过的工作，然后排排坐、分果果。这就需要一分为三的结构。

心法四：逻辑。一分为三比一分为二显然更麻烦，本身这个管理已经很复杂了，再加一个，不是更复杂了吗？因此，你需要一定的基础，需要一定的逻辑来控制它，分析清楚那两样东西（履职考评和执规考评）的本质，认清事物的本质就是心法，让那两样考评分流，最大限度减少那两样考评占用一把手的精力，然后才有可能关注、评价、专注于正绩效、超常绩效。没有这个基础和逻辑，这把双刃剑一样具有杀伤力，这套体系也是运转不下去的，强力去推进同样是自杀。

心法五：到位。过去 17 年里我看到那些说重视绩效管理的企业领导者真的很重视，会很认真地找专家咨询，找顾问策划，找讲师培训。但是你往往会看到，他们基本上都是把职能部门的人弄去培训，他只是在那里强调。本质上他是想要花钱买这样一个体系，让别人来操作，他以为绩效管理搞起来之后，自己就轻松了，让别人替他做。这是一个误区，一把手就是原动力，他不参与进来，做什么都没用。他不参与进来，就是按部就班地加分、减分，这就是形式主义、官僚主义的源头。毫不客气地讲，这些都是负绩效，这时不搞或不认真搞，远比雷厉风行要好。

心法六：体系。关于绩效管理，有很多理论、方法、工具，特别是我们从国外引进了很多东西。最近我看社会上 OKR

很火，刚才课前我们还在聊这个，这些有用吗？我觉得会有启发，好东西都是启发你，而不能直接用，有些人会把很多东西叠加起来用，认为多管齐下、必有奇效，我评价那种做法叫"找死"。那些东西是药不是饭，企业管理有且只能有一样东西：日常管理。一定要把所有这些东西提炼出一两句精华、一两样程序和标准来，用以磨出自己的套路，没有自己的日常管理套路，而且还保留着什么 KPI、OKR、BSC 之类的名词，我觉得成功不了，一定要把这些全都磨掉，剩下一套你自己的得心应手的东西，你才有可能成功。有人说我说的不对，华为就一次花 7 亿美元请 IBM 全盘复制管理体系来着。对！但是你别忘了，到如今也只有一个华为！你如果觉得自己是华为第二，那可以试试。成熟的组织要全盘改变管理基因是不现实的，所以 2011 年我在中国人民大学出版社出的那本书叫《成熟组织的绩效变革》，强调除了华为和华为第二，成熟组织只有磨，不能全盘引进，更不能全盘引进 N 套管理体系。

心法七：客户。一定要给所有业务单元和职能单元以及所有员工找到他的客户。客户意味着什么？意味着有公平的评价者，意味着他有工作的方向。既不能事事靠绩效办，又不能事事靠领导来评价，绩效办等职能部门说了算有大问题，领导说了算也有问题。唯有客户代表方向、效率、合理，代表传说中的公平。

心法八：工具。我前面讲过了，一分为三，很重要的是聚焦正绩效，聚焦明显看得见绩效改进和提升的东西。这个东西不是随随便便能看见的，我这十几年打磨出两个体系，分别借鉴了丰田生产方式和六西格玛理论。丰田生产方式是用一种发散的、更适合支持部门和职能部门的方式，就是问题所在即改进点所在、绩效所在的方式，激励大家去找问题，找出问题再改进问题，获得绩效加分。丰田生产方式是怎么做的呢？就是找浪费。丰田公司专门梳理出这样的体系，很简单，你找出存在浪费的点，提出建议，被批准了，实施成功，你就会得到绩效加分。比如他们跟我讲，以前丰田汽车的后盖板内侧是要进行机加工抛光的，后来有一个工人就提出建议说，这是不是浪费？有没有必要？后盖内侧既摸不着又看不见，我们用原装的钢板装了就行，为什么要抛光呢？这个浪费被大家认可了，减少了这道机加工流程，公司一年生产数百万辆车，那能节省很多，这就叫绩效改进。

持续的绩效提升要相对复杂一些，要用到一些模型和体系，会增加管理成本，但那都是值得的，杰克·韦尔奇亲自去克劳顿维尔管理学院讲课，很多课都是讲如何实施六西格玛，我理解就是如何建立并实施持续的绩效提升体系，就是必须要有专属工具。

心法九：量化？为什么打个问号呢？我们对于绩效管理，对于量化，好像有一种偏好，认为量化产生科学，量化考评就是科学的考评，量化考评就是公平的考评。其实我觉得这是一个很大的误区。我的心法就是：量化考评其实有两类。一类是低成本量化，逻辑是这样的：比如说利润，如果你直接用利润考评，设定利润为 KPI 指标，做对了就是一种低成本的量化考评。什么叫"做对了"的低成本量化考评呢？你把利润指标给他、少干涉他，他有了这个指标，为了实现这个指标，他有运作空间、管理空间、改进空间，他自己去完成，把它实现，这叫低成本的量化考评。另外一类是高成本的量化考评，就是刚才我讲的持续激励、持续提升的体系，比如：按照六西格玛理论，一直量化、找偏差，然后锁定偏差的根因，以根因作为 OKR 或 KPI，盯"死"它持续改，把这种偏差一直降低到百万分之三点四以下，这是一种高成本的量化考评，是造就卓越产品或服务品质的无上心法，当然，成本很高。

但是，量化考评是最合理的考评吗？不是的，企业的考评最终都是由定性考评决定的，如果不信，你就去梳理，看能不能找到一个真正好的大组织，是完全按定量考评结果作决策的。为什么要反对唯票唯分呢？唯票唯分就是定量考评，就是靠分和票作为决断的主要依据，背后的含义就是减轻决策者的责任，就是少担当、不担当。所有的考评，你仔细想想，即使以利润作为考评指标，无论什么企业，最终还得要上会、要平衡，最终拍板的是定性考评。定性考评不可忽略、不可回避。

心法十：元力。前面这些都解决好了，还有一个大问题：有没有人去落实，你的干部队伍能不能干好。很多事情说说容易做起来难。比如丰田生产方式中的找浪费、找改进，找到改进点然后如何如何，这简单吧？但是实际操作起来你就会发现，绝大多数人都不会，你的各级经理人，要不就是找个天大的事情报给你，告诉你他要改进，但是到他退休也未必干得出来！要不就是弄一个小得不能再小的事情或者根本不用着急做的事情，说他要改进。怎么能够做到"位中时应"是个大难题，"位中时应"就是大小合适、时机合适，引用这个定标准。那就需要一种能力，2013 年我们的一个领导力课题项目组给它起名叫"面对面领导力"，需要你的直线经理人、直接带队伍的人具有面对面领导力，我称它为元力。绩效管理就是管理绩效、直指绩效、提升绩效，本质就是管理和激发全员的创新意识、习惯和能力。而面对面领导力就是领导全员创新的意识和能力。不解决各级干部的能力问题、意识问题，绩效管理除了流于中庸的打分、排名之外，不会带来正绩效。

心法十一：氛围。如果说面对面领导力是你的队伍面对绩效管理的硬实力，那么良好的组织氛围就是面对绩效管理的组织软实力。很多专家在研究组织氛围时，提出了很多很好的理论。这里我只说我的看法。组织氛围可以用四个方面衡量：人性、公正、信任、活跃。如果一个企业、一个组织只能通过"考"和"核"的方式区分绩效，并为此不遗余力制造"考核"的依据——所谓的量化考评指标体系，那这个组织的人性化程度就是值得怀疑的。反之，如果能够靠"评"和"议"甚至

"估"来区分绩效，具有通过定性考评来下结论的自信和能力，"评""议""估"的人能够直言不讳，那就是人性化的氛围。很多企业把360度反馈评价方法用在绩效管理上，说是管用的考核手段，我想提醒大家注意，那不是考核手段，那叫评估手段。评估是发现问题和不足，帮他提出改进方向和路径。如果你用360度反馈评价方法的目的是分散执考人的责任，让被考者难以反驳和反抗，就是用形式上的公正掩盖实质上的不公正，便宜了滑头和老好人，而对认真做事的人就是最大的不公正。不人性和不公正，以及信任缺失、活跃度下降，都属于不良组织氛围。这20多年我接触了很多所谓世界顶级的咨询公司，它们对用第三方有自己的心得，我赞成一点，就是用第三方来监控组织氛围，来帮助一把手驾驭日常管理，或者说绩效管理。

心法十二：科技。我们还要往前看、看到新希望。这些年我发现了一些新的希望。比如2005年我看到上海某机构在找最优行车路线：一个地方出了事故，救援人员从这个点或基地赶到那个地方去抢修，走什么路线最快？这个绩效改进项目很费劲，要有人开着车在不同时间段不断地试，然后再作出最优行车图来，以减少客户等待时间，提升客户满意度。但是你看现如今，有GPS了，还用费这个劲吗？技术进步给我们带来了很多便利。我看到随着数据的积累，大数据的应用，很多标准就没有博弈空间了。原来设计的一些东西，给下级部署持续改进和提升目标的时候，要进行绩效面谈，他有讨价还价的余地，你得跟他多搞几个回合才能达到绩效提升的目标。有了大数据以后，这个余地就小多了。所以我们作为一把手，要时刻关注新的技术。

我把十二个心法简略过了一遍，今天晚上估计最多能讲六个，因为这个讲座虽然是为今天晚上准备的，但前天被清华大学截胡了，清华大学继续教育学院拿我这个课测试"雨课堂"网络平台，已经算是试讲了一次，发现两个小时左右讲不完，最多只能粗略讲六个。

引

对于绩效管理，回想 17 年以前，包括现如今，很多跟我沟通的人、还没有实施它的人，都对它寄予厚望，我概括一下，大概有这么几种：

第一，战略落地。希望绩效管理成为承接绩效落地的平台。有句口号"千斤重担众人挑，人人头上有指标"，特别是平衡计分卡这个战略工具传入中国以后，给搞绩效管理的人找到了理论依据，说这是 70 年来最伟大的管理工具，当年是这么定义平衡计分卡的。现如今到底怎么样呢？大家心里都有数，我就不说了。

第二，实现公平。我们干 HR 出身的人，多少都有这样一种情结，以为自己是"公平"的卫道士，以为搞了这个东西就可以多劳多得，少劳少得，不劳不得。

第三，动态激励。期望在企业常态运营过程中，能够有效地实现绩效区分，干得好还是坏，干得多还是少，分数能把大家区别开。依据这个分数，能够实现人员管理上的能上能下和能进能出。

第四，指挥棒和风向标。期望绩效管理成为指挥棒和风向标，倡导什么、需要什么就考核什么。

第五，高压线和红线。希望让它作为高压线和红线，反对什么、禁止什么就考核什么。

第六，大家的线头。强大的上层、直线上司，上级分管部门和职能部门，弄什么事情都想办法把自己抓的、推的事情指标化、量化、程序化，纳入绩效管理的条条里面去。绩效考核已经成了众人手里的线头，名副其实的上面千条线、下面一根针。

第七，基层经理的抓手。基层经理要把它当成传递任务，上传下达，平衡内部的抓手。

我们对绩效管理的期许是非常多的。效果怎么样呢？很多组织的实施效果不是那么好。举个例子，前两天你看媒体关于某省复工率考核达标的报道，实际上大多数企业都做不到，怎么办呢？媒体爆料某地部分企业注水用电量。用电量是一个客观衡量指标"克强指数"的一部分，明明达不到，为了应付考核怎么办呢？让高耗电设备在那儿空转。为了应对考核，造假仿佛是不可避免的。

应该说，不光是我国企业，包括日本索尼在内的许多企业都有同样的问题。大概是 2005 年,索尼公司有位高管退休后写了一篇名为《绩效主义毁了索尼》的文章,那个时候正是索尼最被动的时候,索尼从行业遥遥领先的标杆迅速滑落。文章的作者把它归因于索尼实行了严格的绩效考核,并提出绩效考核造成了三个东西的消失:

第一个是挑战精神的消失。挑战精神是怎么消失的呢?大家都不提具有挑战性的目标了。为什么会这样呢?其实我们存在一个常识性的误区,我花了十年功夫才走出这个误区:我们往往以为企业的战略目标、组织的目标,是自上而下层层分解下来的,MBO、BSC 好像都这么说,这个说法对不对呢?其实这个说法从本质上讲是有问题的。大型组织里,目标的形成,高层目标的形成,往往是自下而上、自上而下甚至几个来回才会定下来。比如我们国家的两会不就是这样的体系吗?社会的问题、人民的诉求,好多东西都是自下而上提报上去的,非常棒的一种体系!企业也是一样,因为企业最高层领导不可能在每个行当都是专家,有些东西他可能会主动说一些,但是大多数都是下面报上去然后经过一定程序以后再下达。现在下达的东西要严格考核,员工完不成就要严厉惩罚,而这个东西本质上是员工自己报上去的!人多聪明,如此往复,有个两年,所有人都变明白了。如果提出那种非常有价值但是具有挑战性的、可把握程度较低的、很可能完不成的目标,最终会把自己"烤糊"了,长此以往怎么办呢?大家肯定提出的是不具有挑战性的，甚至已经做得差不多的，确保可控的目标。时间久了，挑战精神就消失了。失去了自我挑战，也就把企业由逐利性机构，变为按程序和标准办事的行政机构了。

第二，激情团队消失了。应该说优秀的企业往往有一小群激情团队，不是有二八法则吗？那20%的人是有激情的人，他们努力工作、玩命地拼，不是因为企业搞绩效考核，干得好了给他加分，多给他奖金——能靠钱激励的人，并不是本质上有激情。本质上有激情的人就为了工作本身，为了他心中的那种想法，完成那种想法，他才有激情。考核只能调动庸人，调动不了有激情的优秀的人，但是搞得不好的话，却能打击所有的人，特别是有激情的人。那些有激情的人，一个创意出来，在实验室整宿都不走，甚至好几天都不走，现在搞了个神操作叫全员打卡，八点半必须打卡，那你让这些人怎么办呢？只能随大流跟大家一样了！长此以往，必然把所有人都变成一样的人，变成遵守纪律的好学生，大家只有排排坐，分绩效考核那点果果，激情团队肯定就消失了，像索尼这样以创新为引领的企业也会趋于平庸了（不是不能打卡，打卡可以，应该允许一部分人不打卡，这不是不公平，反而是一种高层次的、实质意义上的公平和良性的组织氛围）。

第三是团队精神的消失。我不知道大家有没有发现，助人为乐是人的内在精神需求，帮别人使自己内心很舒服。现在不仅要考核，还要排队，不仅部门排队，每个人还要排队，我放下工作去帮你，回头你排在我前面，我老排在后面，最后我还有失业的危险，长此以往，助人为乐就没有了。发展到恶性的程度，就是"挖坑"，在我职业生涯早期从来没听说过这个词，后来发现大家使用这个词的频率很高，而且有越来越高的趋势：不坏你事就不错了，别说帮忙了。所以团队精神就消失了。

我到一个企业去讲课，听到一个关于绩效考核的员工语录：为它痴，为它狂，为它咣咣撞大墙！真是太形象、太有才了。这是绩效管理带给我们的打击。现实当中不是所有企业、所有组织都这样，但起码是大范围存在的，它磨灭了组织的活力和灵气，让企业日趋行政化、程序化、官僚化。它造成目标和标准口头上比高——口号一个比一个喊得响、新词一天比一天晃眼，实际上比低——目标值报得一个比一个低，真正有意义、有挑战、有难度的东西没人去碰。结果就是全体默契于考核安全：不是资金安全也不是生产安全，而是考核安全。什么叫考核安全？我们在操作当中往往把考核等同于扣分，考核安全就是不被扣分。工作的目的和意义沦为不被扣分！最终我们成功地消灭高质量激励因子，高质量的激励因子是什么？最显著的就是工作本身带给我们的成就感、快乐感以及同袍情谊带给我们的归属感。突出了低质量的因子，低质量的因子就是分！为了少扣或多得那0.1分想破了头、使尽了招，甚至去走门子、想歪点子，造成了巨大负担，成为人力资源职能部门的负担，成为各级管理人员尤其是基层管理人员的负担。

"把权力关进制度的笼子"是一个伟大的理念，需要我们各行各业创造性地去落实。在企业，我觉得各位工商管理学者应该再好好帮我们研究研究：很多企业的"笼子"已经织好了，有些已经不仅是笼子，简直就是"铁桶"了，我们也成功地把一部分人关到那个"桶"里了。把谁关进去了呢？我看是把基层的管理人员、基层的科研人员关进去了，把那些被报表累到哭的技术员关进去了。我觉得这个年纪的员工，是我们最宝贵的资源，是我们的未来和希望，他们有最多的创意、最少的成见、最少的世故，我记得我当技术员的时候，每天都琢磨着革新改造，改工艺、改流程、改材料，时时刻刻琢磨着、行动着，那真是值得终身骄傲的火热青春。现在可好，我们成功地把年轻一代关进了笼子里！比如：我身边很多搞科研的博士，很多年了，我觉得他们的科研能力没有显著提升，但是贴报销凭证的能力、应对审计的能力、算账的能力越来越强。这就是强大的、不当的考评带给我们的负面影响，带给我们的打击。

韦尔奇对这些正式、冗长的文牍主义、官僚主义有犀利的批判。他在卸任演讲中的十条建议里有两条涉及。其一，他讲"自信是最重要的领导才能"。这里他讲的是如何培养员工的自信，方法就是不要为一丁点儿事苛求员工，让他们瑟瑟发抖，被迫随时准备着大量的图表、数据、文件，以备你询问。其实用今天最时髦的词就是要"敏捷"，让员工和组织敏捷而非厚重。他说："自信让人勇于大胆行动，用言简意赅的语言交流，不需要商业术语，复杂的图表、冗长的报告，这些破图表里的信息还没有针尖上的灰尘多。你们的工作就是帮助员工建立自信，要求他们简明扼要地思考和行动，尽情嘲笑满是商业内容的差劲的报告，你们的工作就是不断向员工展示速度。"韦尔奇在"利用好大规模的优势"这条建议里又再次提及："要憎恶官僚主义，每天都鄙夷它，而且不要害怕表达你的憎恶之情，嘲笑那帮官老爷作风的人；减少管理层次，嘲笑臃肿的机构设置，拿它们开玩笑，太多层次会拖慢效率，隔离开领导和员工。"官僚主义、文牍主义是不当的绩效管理的必然产物，两者完全可以画等号。我完全认同杰克·韦尔奇的这些论述，它对我们实践绩效管理，要不要绩效管理，要什么样的绩效管理，都有深刻的指导意义。

慎 始

你是要清晰还是要混沌？讲到此处，我突然想起十几年前在会议上曾经被打断，不许往下讲了，因为主持人认为我的价值观有问题：让你来主持推行绩效管理，按你那个意思就是不搞绩效管理了？其实他没等我讲完，我当然不是说不搞绩效管理，只是说要防止和解决哪些问题才能把它搞好。所以，我绝没有把绩效管理全盘推翻的意思，绩效管理这辆车载着我们走了 20 年，我不是要烧掉它，而是要改进它。

实施绩效管理有这样一种诉求，其中有一条非常重要就是要清晰，尤其作为企业的一把手，他想目标清晰、战略清晰、职责清晰、任务清晰、过程清晰、结果清晰、贡献清晰、责任清晰、成败原因清晰、报酬与贡献关系清晰、个人发展方向和路径清晰。为了清晰，我想我们真是付出了努力，我们造了山一样的制度和条例，海一样的考试和竞赛，我们数数有多少"996"就是为了这个"清晰"？这种靠量的清晰求清晰，实质上就是去敏捷，结果就是组织被官僚主义恶性膨胀全盘接收。会收到什么效果呢？某知名企业曾经发生过一起严重事故，记者去采访，挖掘出了一个段子，"装置可以爆炸，衣服不能穿差；管道可以漏油，不能不拣烟头；仪表可以全停，不戴胸卡不行；工作可以不会，条例必须会背；设备可以出事，走路必须排队"，这个段子是非常典型的官僚主义写照。

所以我们作为一把手，一定要明白，管理要适度，清晰本身不是企业经营的目标，一定程度、特定领域的混沌、不清晰，那是不可避免的，混沌是不可避免的、必不可少的！很多创新就来自混沌，什么都理清楚了，这个企业也就差不多该关门了。韦尔奇在他的演讲里面，也提到这个问题，他讲"随意度"翻倍是最大的竞争优势。有随意度、有不清晰、有混沌，才有创新，才是企业最大的竞争力。有人会问：你的意思是杰克·韦尔奇反对规范化？不对，韦尔奇也强调六西格玛，六西格玛不是极致的清晰吗？要把偏差控制在百万分之三点四以下，他自己是不是相互矛盾了呢？既相互矛盾也不相互矛盾，这是一个矛盾体，该清晰的地方要极致清晰，该混沌的地方要适度混沌。

杰克·韦尔奇作为驾驭一个庞大企业的一把手，要用他的总部、用他的官僚机构，这么大的组织，没有规范化、正式化、稳健操控，那是不可想象的。而官僚和官僚机构，也就是所谓的各级总部，是与规范和正式密切相连的，韦尔奇要用它，但是他又强烈地意识到，官僚和官僚机构驾驭不好会变成官僚主义，官僚主义是贬义的，官僚机构不是贬义的，官僚和官僚机构是中性词，他批判的是文牍主义、官僚主义。一边要用，一边要时刻提防它、控制它、驾驭它，这涉及一把手如何驾驭职能部门和总部的问题。我最近五年在这方面思考很多，现在国资委也在说央企总部去机关化，我觉得要真正弄明白到底什么是总部，总部是什么东西，一把手如何驾驭好总部。应该说杰克·韦尔奇时刻提防总部的官僚主义，他控制好了。

而他的继任者好像这方面略弱一些。我再次跟 GE 打交道的时候，已经到了 2010 年。17 年前，只是在书上、在资料里，在讲师、教授们的讲解中听到 GE。2010 年我和 GE 总部有了密切接触，那时候我们企业和 GE 各出资 50% 成立了一家金融企业，我作为我方金融总部的人力资源部门负责人和他们有了密切接触，真正领教到了 GE 职能部门的强悍，也可以说领教到了他们官僚主义的强悍。在我们看来，一个星期就可以搞定的事情，硬生生地搞了一年半，合作过程中遇到的各种问题很难办，GE 非常强势。这家企业的两个东家很有意思，都很厉害，虽然大家各出资 50%，但都认为这家企业是自己的。GE 认为这家企业是它的，要按照 GE 的套路来管理。我还作为高管参加了 GE 的领导力培训项目，GE 给我留下印象最深刻的、我认为 GE 最好的东西就是它的高管培训。今天不讲它的培训，今天讲它总部的强悍。这家金融企业有项业务，大概一年左右时间，一直被 GE 的合规部否决，制约了企业的进一步发展。我方很焦急，不断地给领导汇报，我们这边的领导最后直接找到了 GE 的一把手，跟他讲这个事情，请他干涉一下合规部，不要老是否决，老拿他们的标准说事。GE 的这位一把手答复说，合规部定下的事情作为 CEO 不能推翻（GE 方的人后来跟我说，如果是韦尔奇在，估计他会干涉的，不会完全由职能部门按条条框框来决策）。我想大家从工商管理学者的角度来看，多数人会持赞赏态度，会说这就是传说中的法治精神。以前我大概率也会这么想，但是你不是那个实际相关人，如果是你在那儿花了一年时间弄了山一样的材料，一遍遍地求人，一遍遍地疏通，一遍遍地请求批准，却被他一句话给打回来，你的感受会不一样！最终这个事情流产了。

所以从这个角度我和我的同事们真正认识到了杰克·韦尔奇的伟大，他驾驭住了官僚机构，而他的继任者一上来就把活力曲线、末位淘汰制取消了，把绩效管理泛化了，觉得大家都很快乐，大家都说他好。结果呢，好像目前 GE 的情况远不如杰克·韦尔奇那个时代了。应该说，能够很好地驾驭总部、驾驭官僚和官僚机构、驾驭正规化的人，才是真正伟大的经理人、伟大的领导者！杰克·韦尔奇为什么驾驭得好？跟他的价值观、洞察力和领导力密切相关，具体就体现在他前面的三段话、三个建议里，也就是说他敏锐地洞察到了总部的重要性，也洞察到了它的危险性，并始终有效掌控住了它。所以杰克·韦尔奇是斗而胜者，在驾驭总部的过程中是斗而胜者。

这两个月我翻明史，发现了另外两种类型。明朝 17 个皇帝，大概有 8 个死于非命，明朝皇帝最痛苦的就是和他的大臣们斗、和文官集团斗，文官集团就是官僚机构、就是总部。时代不同了，组织的性质不同了，这个本质没有变。嘉靖皇帝和万历皇帝好像都当了 40 多年的皇帝。嘉靖皇帝是先胜后败，他从 15 岁就跟文官集团斗。继位之前，文官集团让他走东边的门进，他偏不，一定要走中间的门。官僚集团找一堆理由，证明他不能走中间的门。而嘉靖呢？你让我走东边的门，不行，我一定要走中间的门，结果嘉靖胜了。他当了皇帝又要追封亲爹为皇帝，又是一番天昏地暗的斗，又胜了！他年轻的时候，斗败了官僚机构。后来年龄大了，也就妥协了。万历皇帝也斗，但是输多赢少，最后干脆不露面了，搞非暴力不合作。大家不要以为非暴力不合作是下级对抗上级时才有，有时候一把手驾驭不了强大的职能机构时，也会采用非暴力不合作的态度对抗下级。我说这个是什么意思呢？作为一把手要清醒，正规化有它的利也有它的弊，全员绩效管理是组织经营管理正规化的最大化，因为它涉及每个人，涉及每个人的具体工作，我认为正规化的最大限度，就是搞全员绩效管理，所以它是随意度的最大敌人。你既要有随意度，又要搞绩效管理，你还要想好：杰克·韦尔奇可是当了20年一把手，嘉靖皇帝和万历皇帝当了40多年一把手，你有多长时间？该怎么谋划、磨合，才能像杰克·韦尔奇做的那样好？

心法一讲的时间长一些，我再次强调我不是给某个企业在讲，我是针对全社会的企业在讲，很多企业只有上百人甚至几十个人，我看很多一把手热衷于搞绩效管理，因为找我问这事的人还挺多。我就问他们，你一眼看过去每个人在干什么、干得怎么样，跟你想象中的组织目标是不是相关，你心里有数吗？他们都说有数，我说那你搞什么绩效管理！相当多的企业，特别是处在高速发展的创业期、没有定型、没有进入正规化的企业，今天定下的事情明天就可能变的企业，我建议最好先不要搞绩效管理。当然，有些企业做大了，进入规范管理阶段，就免不了试试这个东西。试这个东西的时候，我们作为一把手，又要注意不堕入形式主义和官僚主义的深渊，这是一种惯性，我们容易出这样的问题。

基　因

绩效考核不是什么新鲜事，而我们现在说的绩效管理，绝大多数管理者是没有耐心去搞明白的，想当然地把它想象成绩效考核，因为绩效考核已经深入骨髓、化为基因了，一动手就会下意识地搞成那样。这就是成熟官僚体系的基本运作机制，古已有之，特别是文官官僚体系最成熟的宋、明两代。

绩效这个词在中国最早提出来应该是在《宋史·梁鼎传》中，梁鼎给皇帝起草上报了一个考绩之法："有考功之司"，设立专门部门负责、明确考核主体；"明考课之令"，明确考核的程序和标准；"下自簿尉、上至宰臣"，下至副县级上到宰相全员考核；"皆岁计功过"，每年都要考核一次，明确考核周期；"较定优劣"，考核要有排名；"故人思激厉，绩效着闻"，考核结果是一种逻辑推理出的、假设的结果，如果有了这个考绩之法，那么人人都会受到激励，绩效就上去了。梁鼎还配了"4善27最"的汇报附件，也就是考核标准。"4善"相当于如今干部考核中"德、能、勤、绩、廉"五项指标，只是把"能"去掉了（"能"体现在"绩"里面），即"德、勤、绩、廉"4个维度。"27最"相当于通过标杆法作出的职类职阶胜任素质模型，也就是分了27种职类和职阶，把最高标准定出来，换句话说也就是 100 分定出来了，考核就是从满分往下扣。你看，我们现在多数组织的绩效管理方案和 1 000 年前哪有什么区别？

万历元年，张居正主持了明朝的考成法。为了提高办事效率，他强调"事必专任，立限完成"，必须有责任人，必须有完成时间，层层监督，各负其责。万历皇帝很满意，说："事不考成，何有底绩？"如果没有绩效考核，怎么才能保证最基础的绩效呢？你看见没有？他的定位是底绩，保证最低绩效，绩效考核的目标就是保证最低绩效，实质上也就只能保证最低绩效。

后来我们又从西方引入了科学管理这样一种理念，关于科学管理的相关理念可以用一个公式概括：有什么事设什么岗，在什么岗干什么事，干什么事拿什么钱。有人说这个逻辑很对。对需要做的事情，设定目标和标准，按照既定的目标和标准去核实，结果与激励挂钩，这难道有错吗？这没错。这和宋朝的办法、明朝的办法一以贯之，很对。而且这个是从科学管理创始人泰勒那里学来的，有错吗？没错。为了找到它错的原因，我花了 10 年时间：它是错的！错在什么地方？错在这样的理论不适合现在的企业，不适用于激烈竞争条件下的现代企业，特别是不适用于现在以知识工作者为主体的创新型企业。因为这样一种考核体系，逻辑上就是向下控制，定了最高标准，层层往下理，立意就是求保底。作为一个竞争状态下的现代企业，正常情况下应该是立底线、放开天花板。凭什么把满分定为

100 分？定了 100 分，有人能干 1 000 分怎么办，你不是逼他走吗？你只要定一个底线就可以了，干到什么程度叫最好？有多好算多好！干得越好越好，为什么要定 100 分是最好？！如果我们受制于传统思维，想当然地认为这是最好，然后层层往下减分，这个企业不会有竞争力。这就是所谓的逆向淘汰，这就是逆向淘汰的内在逻辑：设定最高标准，不知不觉中就把真正高水平的人赶走了，这是它的错误之一。

错误之二是什么呢？就是把人格定位为物，定位为机器，定位为马牛。认为人的行为可以规范好，你定好标准，他必须按照那个标准做，不能逾矩。泰勒在搞科学管理的时候是很清楚的，他说了两个限制性条件，说这套东西适用于两类人：一类是以出卖体力为主的人；另一类不能是太聪明的人，不能是知识工作者。但是，我们一想就会想到这种方式。这样一种体系最大的问题在哪里呢？最大的问题不在前面罗列的绩效管理所造成的那些不良表象方面，那些问题还都是表面的，一旦把机制理顺了，制度改进了，那些问题很快就消失了，那是浮在表面的泡沫，受那点委屈和折磨还真不叫事，只要领导明白了、纠正了，一天云彩就散了，照样是艳阳天，所谓病在肌肤、病在腠理，不是病入膏肓。真正有杀伤力的是它的深层次问题。

韦尔奇在建议里面，有一段就是说深层次问题的，就是"如何管理第四类经理人"。按照 GE 的评价标准，把经理人分四类。第一类经理人是价值观和公司的价值观一致，业绩也很好，当然这类人要提拔重用。第二类经理人认同公司的价值观但是业绩没有那么好，要帮助他、培养他。第三类经理人价值观跟公司不同，业绩也不好，按照韦尔奇的要求，那就是要淘汰的，这三类经理人都好办。但是韦尔奇非常敏感地洞察出另外一种非常可怕的人，就是他不认同公司的价值观，不讲诚信，却有业绩，韦尔奇讲："这类人绝不可以出现在我们这里。这样的人，比第三类经理人还要可怕，会消磨掉任何组织的活力。无论是学校、企业、机关还是其他任何地方，这样的人到处都有。这就是所谓自私的人，他的业绩好看，但是以牺牲他人为代价，他会挖坑，明抢暗夺，明明不是他干的，他会说是他干的，他会欺上瞒下，永远把自己的利益排在第一位，就是一门心思努力往上爬，这样的人是最可怕的，一定要把他甄别出来。"

我们的绩效管理体系里，这种认知的缺失、机制的缺失才是最深层次的问题、最可怕的事情！这才是从长远看，我们最需要补的一块短板。可悲的是好像这个问题已经严重到一定程度了！这几年有一个词叫"精致利己主义者"。我觉得这个词非常到位、非常贴切。所谓"精致利己主义者"，就是专门研究你的绩效标准，迎合你的考核需要，而罔顾全局和未来的人。因为明白人都知道：任何一个大型组织中，绩效标准定得再严密、再丰富，能涵盖组织全面的、真正的需要吗？代表真正的发展方向吗？我可以肯定地说，不能。一个大企业，过起日子来，运作起来，一天发生数以百万计的事情，到底哪个重要哪个不重要，如何来衡量？用指标把它给框出来，那是很难的。我曾经调侃 KPI：K 是关键 Key，什么叫关键？你把最重要的事情悄无声息做好了，那就一点都不关键了，谁都看不见你。你把最不重要的事情干砸了，干出毛病来了，马上就关键了。你看明史会发现：官员养寇自重，明明他能消灭敌人，但是他就不，让敌人年年来骚扰。年年打他，年年就能立功受奖，可不能一次就把他灭了，精致的利己主义者最会弄这些事情。

在一个企业里，你想靠定出条条框框，定出指标体系，把企业的方方面面都框住是做不到的，而我们多数的企业恰恰就在犯这个幼稚病，在没完没了、无穷无尽的指标上折腾，有用吗？我告诉你，你定了哪些标准，精致的利己主义者就研究你的标准，迎合你的考核需要，把你定出来的东西做到最好。所以 KPI 一定要少之又少，最好一个单元就一条，多了不如没有，因为精致利己主义者明明心里清楚还有更重要的事情、关乎全局和未来的更重要的事情，但是他不做！你设什么是 KPI，他就把什么做到最好。前两天我看有一篇文章说屠呦呦又没评上院士，虽然大家都认为她理应能评上院士，但是她就是评不上，为什么呢？因为她不去研究当选院士的标准，只关注自己真正的责任，她没有按照考评标准去弄材料，那会怎么样？那她就是评不上。这样一种体系，你不干涉它、不改变它，没有例外，没有干涉机制和叫停机制，任由它那样，那最可怕。所以绩效管理第二个心法，要认识到惯性的作用，我们不经意间就会走这条道路，作为一把手要时刻警惕。

结　构

要"一分为三"，而非"一分为二"。做事情并不是只有"做成"和"做不成"两种结果，而考绩也好，考成也好，考核也好，本质上就是两分法。其实我们需要明确的三分法，对真正意义上的正激励给予正绩效。什么叫正绩效？正绩效就是绩效管理的绩效，绩效管理要见到绩效，要马上、立即、明确地看见绩效，这才叫绩效管理，而不是一种底绩保障体系，这是我对绩效管理的认知。

怎么做到呢？就是要对超出考核预期的人和超出考核预期的绩效给予明确的激励。具体怎么做呢？对所有的工作也好，指标也好，事项也好，遵循禁止做、必须做、鼓励做这样一个思路，对考评实施分类，分成执规考评、履职考评、超越考评三种，其中超越考评最重要。有关考评的资源，80%以上的功夫、精力要放在超越考评上，唯有超越考评才能够有正绩效。超越考评就是对鼓励做的事项进行关注和衡量，这是确保绩效管理直指绩效的关键。

所以，韦尔奇在演讲建议里提到"变革不是坏事""有了变革，每一刻才有新的机会，变革不是危机，你们要跨越变革，让你的组织不至于在它面前陷入瘫痪"。只有超越才是真变革，只有变革超越，企业才有正绩效，企业才能够持续向前发展。仅仅有执规，只能保证不出事、不流失、不变坏。仅仅有履职，那是居家过日子，和平常吃饭喝水一样。有人说我正常过日子不好吗？一般家庭安稳过日子可以，作为一个处于高度竞争环境的企业，在瞬息万变的环境中，一旦遇到风吹草动，客观条件就不会允许你安稳过日子，你要时刻面对挑战、面对折磨、面对危险，所以你必须不停地变革，才有可能生存下去。激励变革、保障变革的是什么呢？就是超越考评。这是一分为三的结构和逻辑。

逻　辑

杰克·韦尔奇有很多漂亮的头衔，全球最伟大的 CEO、最伟大的职业经理、最伟大的人事经理，但是他还有一个绰号"中子杰克"，这里的中子是指什么大家知道吗？这里指中子弹，一种核武器，中子弹的特点是能够在不破坏建筑物的前提下把建筑物里面的人杀死。大家评价杰克·韦尔奇是中子弹，他没把 GE 炸掉，但是把 GE 的人给"干掉"了。什么意思呢？因为他强调 10% 的末位淘汰制。他在任期间，裁掉了超过 1/7 的员工，从上任时候的 35 万名员工，裁到不足 30 万人，看到他的这个成果，你才能理解什么叫"慈不掌兵"。华为有一个道德委员会，GE 有末位淘汰制，这些东西都是确保"一分为三"能够运转下去的基础，所以执规考评是基础。

因为有效的执规考评能确保良性的企业文化，你犯了事，违反企业的道德准则，就一票出局。惠普好像曾经有过这样的规定，不知道现在怎么样了，你如果敢贪污，报销的时候敢拿假票来，哪怕一元钱，也只有一种处罚方式：立即开除，哪怕你是总经理。只要有违道德标准的行为，一票否决，这叫有效的执规考评。华为也有，这一方面是保证良性文化的根基，另一方面，它是控制管理成本和确保一把手精力的密钥。只有有效的委员会在运作，遇到这种事情干净利索地摆平，不要让一把手再分心，不再用开会讨论给谁什么样的处分，才能有效地控制住管理成本，确保一把手把精力放在超越考评上去。我们现在执考的四种形态 N 种方式，感觉好像很严，也确实很严，但是对某些事情来讲，还值得商榷。我听说有些机构请人讲课，是不把交通票据要回去的，一些人回单位就钻空子，把这个拿回单位报销，还能领出差补助，这种情况在惠普这样的企业那就是一票否决，这样管理成本就低了，一把手才有可能有精力去干有意义的事情，所以这是基础。

对执规考评用关键事件一次结束。履职就是维持绩效居家过日子，一个大企业一开门，一天下去多少事情，千万不要把履职考评和大家干的事情都想弄明白，清官难断家务事，对所有的履职情况都想要搞清楚，弄那么多指标，那就是自寻烦恼。要把它交给长周期和结果，最终用结果说话，平时不要自寻烦恼，平时就是"重关注、轻考核，没有特别的失误和延误就放过"。真正的时间、有价值的时间，应该放在创造新绩效的超越考评上。对于超越考评，从目标的提出开始，到设计，再到执行过程，最后到结果，一把手都要过问。

逻辑有一个基础就是诚信，所以韦尔奇在演讲里也建议，要讲诚信而不仅仅是守法，这是必须永远指导我们的价值观。我们要做正确的事情，而不仅仅是合法的事情。执规就是指合法的事情，正确的事情是执规以上的事情。

到　位

我的感觉就是，一把手搞绩效管理有这样一种冲动，这样一种误区，认为我把人力资源部门教会了，让他们去搞，这是极大的错误。绩效管理是如何演变为前面所说的惰政和恶政的呢？因为最高决策者的认识原因——很多最高决策者由于认识的原因，不愿承担相应的职责，也就是绩效管理的职责，放弃决策义务，把它交给职能部门，想当然地认为这是职能机构的事，是绩效委员会的事情，这样就会形成惰政。惰政下逐级放弃责任，大家都在职能部门干过，其实有良心的职能部门也很为难，它能靠什么？只能靠量化的标准，你只要交给职能部门，结果就是海一样的制度、海一样的指标、海一样的数字，它不敢有主观能动性，必须要有客观依据。绩效管理最后就完全被职能部门和相关人员掌控了。假如职能部门和相关人员发展到一定程度，坏了良心，用它来谋求部门和个人私利的话，那就是恶政，这往往是一把手们认识的误区造成的。

认识的第二个误区就是迷信科学。过去几十年很多人认为美国有管理神器，如 BSC、OKR，我跟他们讨论了很久，我觉得这些所谓的神器还有待商榷。不管什么神器，不经过你的脑袋，不经过你的掌握，那就是零。当逻辑和伦理错了，科学就会助纣为虐。如果我们试图通过规范化、制度化、标准化、职能化实现目的，就危险了。通过量化，利用所谓新的科学技术，用它来推动绩效管理，而你置身事外，这是失败的不二法门。

体　系

必须要有自己打磨出来的一套体系，很简单，因为一把手的精力是企业最宝贵的管理资源，企业发展的极限在哪里？这十多年我一直在思考这个问题，企业不断扩张，这个企业扩展的边界在哪里？扩展到什么时候算够？作为一个企业，最大能到多大？我觉得其中一个边界就是一把手精力和动力分散的极限。如果你有领导核心，那领导核心的精力分散的极限就是组织发展的极限。因为不管用什么方法，不管用什么样的方式，一把手总归摆脱不了、跑不掉要直接参与一些事情，如设立一个新的机构、开展一项新的业务、进行一轮新的扩张，总归是要参与的，到一把手实在参与不了的时候就是组织发展的极限。所以一把手既要参与绩效管理，又要保证精力够用，关键在于打磨出适合自己的组织和套路。不能说有一个新的东西，什么专家在推一个什么东西，我拿过来就能怎么样，绝对做不到。

比如说组织的调整，有了总部，有了分工明确的职能机构，就行了吗？未见得。你看朱元璋搞"内阁"，内阁是什么？内阁实际也是一个临时机构，从职能机构挑出一些人负责。雍正皇帝更极端，成立了军机处，军机处的人天天围着他转，到皇宫里面办公，成了他的私人助理。皇帝加顾问、私人助理，带动职能部门，带动各个地方、各个军队运作。韩国三星的战略企划室办事精干，只有二十几个人。三星集团多么庞杂，多少事情，其实它的核心就是一把手的战略企划室。韦尔奇更有特点，愿意当教师，经常去克劳顿维尔管理学院，把他的想法给经理人讲。企业管理学院这个概念就来自韦尔奇。我还在我们单位牵头搞世界一流企业管理学院建设，我不得已接受这个任务后，跟领导开玩笑说：什么叫世界一流的企业管理学院？企业管理学院的本质就是一把手的私人工作室，世界一流的企业管理学院就是世界一流的企业和世界一流的领导用这个企业管理学院当他们的私人工作室，并且跟克劳顿维尔管理学院一样，让领导满意！克劳顿维尔管理学院就是韦尔奇的私人工作室。

你要聚焦到这个事情上来，要有方式的调整，要有会议的调整，要有工具的制作，要去文字化，要用一张表汇报，一系列企业日常运作的东西都要有所改变，改变到什么程度呢？改变到成功的绩效管理就是没有绩效管理，或者说成功的日常管理就只有绩效管理，没有日常管理，两种管理合而为一，不能既有这个又有那个。我们引进了很多工具，弄了很多体系，弄了一个东西这个部门负责，再弄一个东西那个部门负责，越弄事情越多，如果不能做到合而为一，就尽量不要认真搞绩效管理，但大组织不能不搞。再比如人员的培养，对干部要进行面对面的领导力训练，要协助员工去找 KPI，教员工怎么找 OKR，改进点在哪里，持续改进的体系如何设立，这些都要逐级训练出来。比如在会上陈述一个超越考评的项目，OKR 也好，KPI 也好，都可以，如何来陈述呢？用几分钟时间、几张 PPT，你怎么能够给大家说清楚，说服委员会认同你这个设想，同意你改进这个东西呢？这些方面都要加以训练和规范。比如"于、用、完、达"的陈述方式，会议上部门主任要作汇报，用几张 PPT，怎么汇报，用哪些词，讲几段，都要有明确规范，否则，你很难有效地驾驭绩效管理、正向的绩效管理这项工作。

结

　　已经超时了，我就用韦尔奇演讲中的最后一个建议作为结束语。他的这条建议是：利用好大规模的优势。他对 GE 的经理们讲，"你们要意识到大企业有着自己的固有缺陷，但也要利用好我们的规模。我们每年都要进行 100 多次兼并，大家都习惯了，要利用好这一点。我们要在技术上下赌注冒风险，不断勇敢尝试，因为这是你们的一个优势。你们放手尝试的机会，可比那些小企业多多了"。我跟大家分享这段话的意思是什么呢？意思是不要质疑我今天说的这些内容。也许有人说：你们公司排名全球 500 强前列、规模大，这我们承认，但是你们公司是不是也有特殊问题和局限呢？

　　我们公司的特点和不足相信大家也都知道。但是我要告诉你，我本人早就认识到，并认真践行了韦尔奇的那条建议：清醒地意识到它的不足，并最大限度利用它的优势。我的书和演讲都尽最大可能避免提及公司的名称和事件，但是，这次我稍微破例讲了一下自己的绩效管理经历。我认为：企业规模十分重要。也就是说企业和企业之间的不同，最大的问题是规模。企业到了一定规模以后，变得不受企业本身控制。韩国前总统朴正熙曾经说过一句话"企业乃社会之公器"，20 多年前我读到这句话，印象很深。随着阅历的积累，我越来越深刻地认识到他说这句话的含义。大企业有它的好处，当然也有它的毛病、问题。企业做大后，将成为大家关注的焦点，要承担更大的社会责任，有时候甚至面对更高的要求。GE 也是一样，《杰克·韦尔奇自传》里面的一段话让我印象很深：GE 的船队通过哈得逊河运输一种化学制品，发生了泄漏，尽管那种化学制品无毒无害，但是民众不相信，经过复杂的听证会，最后法院判决，要求 GE 把污染河段的河泥都捞出来，把化学品提炼出来，再把河泥放回去，然后再把水生植物栽活！如果真要按照这个判决操作一轮，估计 GE 离破产不远了。但没办法，谁让你是 GE 呢？这是大型企业的特点，既有优势也有说不出口的难处。

他讲这一段我非常认同，应该说大企业利用它的大规模优势，让在企业里面工作的很多人看到了更多、经历了更多、经受了更加严格的训练和磨砺。所以，当你的企业还是一个小组织的时候，你可以觉得我今天讲的这些都无所谓，但是当你的企业真正做大了，做到需要规范化，做到需要真正搞绩效管理的时候，你就会理解我今天说的真实不虚。

非常感谢大家！

参考文献

1. 里德·哈斯廷斯，艾琳·迈耶．不拘一格：网飞的自由与责任工作法．北京：中信出版社，2021.

2. 戴维·欧瑞尔．量子货币：量子理论如何变革传统经济学．北京：中信出版社，2020.

3. 王永红．华为管理：任正非的12堂经营管理课．广州：广州经济出版社，2018.

4. 埃德加·沙因．企业文化生存与变革指南．杭州：浙江人民出版社，2017.

5. 迈克·鲁斯．丰田套路：转变我们对领导力与管理的认知．北京：机械工业出版社，2011.

6. 保罗·尼文．OKR：源于英特尔和谷歌的目标管理利器．北京：机械工业出版社，2017.

7. 吴向京．成熟组织的绩效变革．北京：中国人民大学出版社，2011.

8. 吉姆·柯林斯. 从优秀到卓越. 北京：中信出版社，2009.

9. 莎伦·达洛兹·帕克斯. 好领导可以教出来——来自哈佛商学院的新探索. 北京：商务印书馆，2009.

10. 何晓群. 六西格玛管理理论与实践探索. 北京：中国统计出版社，2009.

11. 埃里克·亚伯拉罕森，戴维·弗里德曼. 完美的混乱. 北京：中信出版社，2008.

12. 彼得·德鲁克. 管理的实践. 北京：机械工业出版社，2009.

13. 彼得·德鲁克. 卓有成效的管理者. 北京：机械工业出版社，2009.

14. 迪恩·斯彼德. 绩效考评革命. 北京：东方出版社，2007.

15. 威廉·大内. Z理论. 北京：机械工业出版社，2007.

16. 亨利·明茨伯格. 明茨伯格论管理. 北京：机械工业出版社，2007.

17. 斯图尔特·克雷纳. 管理百年. 海口：海南出版社，2003.

18. 亨利·明茨伯格. 卓有成效的组织. 北京：中国人民大学出版社，2007.

19. 克里斯·阿吉里斯. 个性与组织. 北京：中国人民大

学出版社，2007.

20．佃律志．图解丰田生产方式．北京：东方出版社，2006.

21．魏钧．绩效指标设计方法．北京：北京大学出版社，2006.

22．罗伯特·卡普兰，大卫·诺顿．战略地图：化无形资产为有形成果．广州：广东经济出版社，2005.

23．付亚和，许玉林．绩效管理．上海：复旦大学出版社，2004.

24．埃德加·沙因，企业文化生存指南，北京：机械工业出版社，2004.

25．弗雷德·戴维．战略管理：第6版．北京：经济科学出版社，1998.

26．范珂．网飞创办人：我不要996，一样市值1万亿．（2021-01-10）．https://www.163.com/dy/article/FVVL1J9I05317KQD.html.

27．中国工商银行长春金融研修学院课题组．非利润单位绩效考评中应正确处理的十大关系（2020）．https://mall.cnki.net/magazine/Article/JRXK202023001.htm.

28．人才越是高级，越要"放养"．（2021-01-01）．http://k.sina.com.cn/article_6083295979_16a97baeb01900rdgx.html.

29．施炜：核心人才的管理方式（领导者必读）．（2020-12-26）．http://k.sina.com.cn/article_3218340852_bfd3fbf401900xnrb.html.

30. 刘昶. 即使是基础管理, 也能创造竞争优势. (2020-12-22). https://t.qianzhan.com/daka/detail/201222-e6aadd73.html.

31. 阿里巴巴绩效考核制度, 简单到不可思议, 员工死心塌地跟你干. (2020-04-26). https://www.sohu.com/a/391375653_766689.

32. 宋志平. 为什么说"管理"和"领导"从来都是两码事?. (2020-03-18). https://t.qianzhan.com/daka/detail/200318-f0c08448.html.

33. 关苏哲. 真正高级的管理, 是满足人心和欲望. (2019-03-13). https://t.qianzhan.com/daka/detail/190313-a4483588.html.

34. 韩微文. 通往敏捷管理的三条路径. (2019-03-19). https://www.sohu.com/a/302261422_380874.

35. 郝亚洲. 张瑞敏的"心法". (2019-02-25). https://guba.eastmoney.com/news, cjpl, 805734527.html.

36. 郝亚洲. 只有内心向往自由的人, 才能理解"管理"的真谛. (2019-07-09). http://www.360doc.com/content/19/0709/17/55260215_847682094.shtml.

37. 胡赛雄. 华为17年资深老员工自白: 见证无数起起落落, 领悟人性管理的精髓. (2021-04-18). https://wenku.baidu.com/view/3acc2b9ebc1e650e52ea551810a6f524cdbfcbfd.html.

38. 胡泳. 在破产的边缘疯狂试探, 索尼做错了什么?. (2020-07-24). https://36kr.com/p/807671322968450.

39. 胡泳. 谁说索尼不能跳舞.（2020-08-13）. https://36kr.com/p/835949288110216.

40. 黄治国. 2020 年，CEO 们的五项关键任务.（2020-01-13）. https://www.sohu.com/a/366653833_183012.

41. 况阳. 为何绩效管理部该不该被废除？（2020/01/21）. https://www.jiemian.com/article/3885123.html.

42. 拉姆·查兰：领导者实现事半功倍的抓手是充分帮助下属成长.（2018-09-24）. https://www.sohu.com/a/255870229_183012.

43. 蔺雷. 仅靠坚持，成功不会来到.（2020-07-18）. http://www.360doc.com/content/20/0718/21/47115229_925167845.shtml.

44. 文萃. 为什么谷歌说 OKR 不是绩效管理（一）谷歌的 OKR 如何运行.（2020-03-25）. https://zhuanlan.zhihu.com/p/116601186.

45. 文萃. 为什么谷歌说 OKR 不是绩效管理（二）谷歌 OKR 与绩效管理的结合.（2020-03-31）. https://zhuanlan.zhihu.com/p/121758805.

46. 文萃. 华为 OKR 与谷歌的异同.（2020-04-07）. https://zhuanlan.zhihu.com/p/126669253.

47. 苗兆光. 高层讲混沌，基层要秩序，到底该咋办？.（2019-12-11）. https://www.docin.com/p-2285531759.html.

48. 苗兆光：组织氛围的真相.（2020-03-06）. https://new.qq.com/omn/20200306/20200306A05CKF00.html.

49. 牟小姝. 一流管理者，在这 2 字上下功夫.（2020-07-04）. https://www.sohu.com/a/405698101_120560044?_trans_=000019_share_sinaweibo_from.

50. 施杨. 特朗普：领导力反面教材的集大成者.（2020-07-20）. http://fuyunii.com/67584.html.